人生實用商學院

富有是一種選擇

通膨酷斯拉降臨，投資邏輯大翻轉。
你的理財計劃讓你心安嗎？
相信你可以比自己想像中更富裕！

吳淡如——著

CONTENTS 目次

緒論
富有是一種能力，堅持是一種選擇

第一篇：通膨
大通膨時代，你要改變理財的思維

第二篇：資產

存久必贏！有資產才能生存

CONTENTS 目次

第五篇：趨勢
投資新趨勢，為下一個時代做準備

對方能不全力以赴嗎？多麼聰明的女孩！

她出生於宜蘭，父母對她的期待，就是當個老師，鐵飯碗，安定過一生。她不同意，自己到臺北報考北一女，之後畢業於臺大法律系、然後跳讀中文研究所。

這樣的跨界太平常了！

中年之後，吳淡如跑到上海，就讀位於上海中歐國際工商學院，這是歐盟與中國共同成立的自由派MBA學校。之後順著軌跡，她又去了上海交通大學中歐國際工商學院（瑞士分校）商學博士班。

還沒有完，因為一趟旅程，她走入山中一個千年古學院，她又開始習一門古老的智慧課程。

凡人和她的差別：凡人只是在想，在做夢；她卻一直行動，一路轉彎，尋找更精彩的人生。

對於人該怎麼活？

她比多數人更透心，她大方的說：既然只是瀟灑走一生，我們何必裝？

愛錢不必裝清高，取之有道即可！

搞政治不過就是另一門特殊生意，想興隆，何必賣崇高！

做節目，既然多數人都只是為了通告費主持費，何必糟蹋別人的人生。

我們邀請她，一聊，發現請的不是「一個人」，而是四、五個人。她不斷變身，不停成長，不會給自己界限。

中年了，還在長跑！！！

訪問她，欲罷不能。

你看完她的故事，應該會有和我一樣的感想。

於是把訪問拆成兩集，各個段落都精彩。

這女人，太了得！

（本文作者為《文茜的世界周報》、《茜問》主持人與作家）

相信你能！

如果你一定要參加一場考試，你希望人家先告訴你，這場考試 Ⓐ 很簡單，還是 Ⓑ 很難？

請二選一。

如果你選 Ⓐ 很簡單。那麼這本書很適合你。

首先我們必須承認，世界那麼複雜。你看，人們以為不會超過三個月的疫情，超過兩年了還「方興未艾」；人們以為不會發生的戰爭發生了，人們以為一定不會漲的股市漲了──也在人們以為不會跌的時候下跌了。

世界永遠是動盪的，就像星座專家們不斷提到的「水星逆行」，特別是熱門行業變化得非常快；在此

同時，AI 要取代某些人的工作崗位，也將發生得比什麼都快。

可是，真正長治久安的方法卻仍然是簡單的，也就是投資永遠要注重長期效益，別當一隻好動的狗，追逐著指數跑來跑去；而有策略的懶，肯定比沒有方向的勤快要強。放大投資範圍，較不會受單一公司風險拖累的標的，總是比押在一家公司強，不管這公司現在看來有多強！

我曾說，只要一個人問我：現在可不可以進場？那就是他把投資理財當成進賭場押注。那麼，就算贏九筆，他也會輸一筆，而且輸的那一筆肯定超過前九筆，因為最後的注總是押得最大。

這不只是我說的，是活生生發生在股市的現實。

如果你選 Ⓑ 很難。那麼，我相信你一定是過去的學霸，或者已經是投資路上的箇中高手，已累積相當數量資產，還熱愛股市衝浪，耐風險度很高。那麼，你可能還是得看看這本書。看什麼呢？看一下講房子的部分。我過去所認識的股市高手和理財專家，

到了齒搖髮白時，還能夠過著非常安逸的生活，都是因為他們除了風險投資之外，也曾經把盈餘換成了某些不動產。

如果你愛好賺取「別人比不上的利潤」，那麼我必須請你回顧一下歷史。除了巴菲特能夠證明他有稍微打敗大盤之外（並不是每一年），其實誰也沒真能「長期」做到過。那些市場叱吒風雲的股神，如安德列‧科斯托蘭尼、市川銀藏、傑西‧李佛摩（本土的我不好指名道姓）等等，都曾經破產！

還有，不要以為會賺錢就會理財；不會理財，再會賺錢也沒用。也不要以為精通金融就會理財──看看電影《華爾街之狼》吧，還有無數的前車之鑑。

我要說的是，你可以很簡單的擁有管理金錢的能力。

當然得先存，先存再花，養成紀律，然後執行長期策略。想辦法至少擁有一間自己的房子，不要貪大，只要舒服。

世界已經很亂，人生已經很難，不要浪費太多時間在理財上。

你人生中最寶貴的時間，應該送給自己所愛的人，做自己喜歡的事，而不是：因為自己的理財錯誤決策，為錢憂慮（憂慮也沒用），或明明有錢，卻又要為錢憂慮。

如果看到這裡，你其實已經做到了，那麼真的不需要看下去，我覺得你已經是前百分之十的人中龍鳳，你一定已經明白了如何活得快樂的道理。

＊　＊　＊

年輕的時候，我曾經否認過，我們生活得快不快樂和金錢有關。當時我太相信一簞食、一瓢飲，就可以自得其樂的道理。在經過現實的種種折騰後，我也同意：「如果是錢能夠解決的事情，那就算是件簡單的事情」。

的確，不知道明天三餐在哪裡也是可以快樂的，如果你還很年輕，但當你身上扛的擔子不只你一人時，你就不得不煩憂。

錢可以解決的事情就是簡單的事情，絕對不意謂

著錢可以解決所有的事情，只是要告訴你，你不必把所有的經濟重擔都扛在身上，還要自己一個人操勞大小事。你可以選擇你最想做的事，其他交給社會分工解決，也就是「有些錢讓給別人賺」，每個人各適其所，才能享受比較悠閒的生活。

不管你是不是文青或憤青，或是已經開始擔憂可能不被未來社會接受的中年人，我虔誠希望我能夠寫下我所知的投資和資產的基本觀念，避免你踏入顯而易見的理財陷阱。現在的詐騙集團太多了，有的還不是故意的，比如那些想吸引你和他一樣把錢交出去給陌生人以得到高報酬的好心親友。請自己處理自己的錢，放在自己名下，不要因「一時興起」來揮灑它。

* * *

放心，你不是唯一面對金錢糊塗過的人，我也是。就因為我曾經篤信有氣質的女生不要太在意錢（到底誰教我的？）。如果你想要得到慰藉，在這本書中，我也認真的寫下我自己的理財黑歷史，說真的

還滿像人生的悔過書。

我還寫了一些我認為對我最有用的商業知識。就算你不做生意，也要懂得別人是怎麼做生意，至少你不會誤中詭計，花掉本來可以讓你高枕無憂的畢生積蓄。

巴菲特說得對，不懂的別碰。在我看來，生意更是如此，不懂的別碰。

這讓我想到前不久，有一位昔日相當熟的明星打電話給我，說她想要做一筆生意。她覺得很好玩，要我投資陪她玩一玩，做個品牌，還說這生意毛利很高，高得嚇死人。

我問了幾個問題：

- 這個東西，世界上只有妳和少數人有嗎？還是誰都可以進口，找代工廠去做？
- 妳真的很喜歡嗎？
- 妳很懂這項產品嗎？
- 妳能付出一段長時間的承諾嗎？（在我看來，品牌如婚約，沒那麼簡單可以說做就做，說散就散）

- 妳知道什麼叫完全競爭市場嗎？妳覺得毛利很高的東西，別人（比你錢多的人）一定也會衝進去做到對大家都沒有利潤為止。
- 妳知道什麼是剛需嗎？
- 妳會看財報嗎？至少知道什麼是固定成本、變動成本和毛利嗎？

她覺得我很煩，舉了一些例子，說其實這個東西的味道跟愛馬仕的某品項的某個味道也很像。然後告訴我她覺得商業知識很煩，說我應該要勇敢！

我說，做這樣的生意，不但賺不了錢，還要賠上很多時間，也賺不來任何好名聲，建立不了商業信譽，到最後可能因為賠錢還損害友誼，我真的不能做。我寧願花很多錢請她吃一頓大餐，如果她不想懂做生意的基本原則，拜託別找我。

我做生意絕不是來玩玩的。

做生意並不好玩。它會帶來挑戰感、挫敗感和成就感。如果要玩，我們不如去迪士尼樂園一起玩！

理財和投資，原則是很重要的，如果完全不懂，根本是在賭博！你可能會僥倖賭贏，但是久賭必輸。賠了夫人又折兵的感覺，想必沒有人喜歡。

　　我說的是真話，但她不愛聽。

　　糊裡糊塗地陪朋友玩金錢遊戲，我真的覺得非常不好玩！

　　我喜歡有點原則。

＊　　＊　　＊

　　這本書本來的名字很長。富有是一種能力，堅持是一種選擇。

　　後來我嫌自己囉唆，直接改成富有是一種選擇。

　　每個人想要的富有程度不一樣，最基本的，其實叫做財富自由。所謂財富自由，最基本的，就是當你活到一百歲，就算不工作，你都可以靠手邊進來的錢好好活，不必憂煩。別人也不用為了你沒錢活而有負擔。

　　其實並不容易。

　　因為通膨進行中，世界急遽改變，你的健康狀況

也可能有所轉變，你預估的財富自由的額度，恐怕也要不斷地向上提高。

先不管額度，至少你要開始。不管什麼年紀，有開始比沒開始好。不會理財，一生沒有依靠。理財並不是為了準備退休，而是為了培養活在現代社會的自信。畢竟這個世界任何東西都是透過「交換」而來的，愈早懂得愈好。和金錢社會建立一種和諧關係，又不要被金錢所統治，那麼誰都要學會很基本的理財課和商業課。

* * *

請讓我再度強調：我也曾經什麼都不想搞懂，反而被自己的不想懂搞得很辛苦；也曾經自以為聰明，然後「機關算盡太聰明」，搞了很多年發現自己其實什麼也沒有累積。

到頭來我發現：

理財，就像蓋房子一樣，把地樁打好最重要。

理財很簡單，而且愈簡單愈不刺激才是對的。任

何複雜的原則，都將敗給時間；任何自作聰明，都將敗給黑天鵝。有被時間證明過的觀念，注重長期效益，累積被動收入，才不會非常辛苦的在跟時間賽跑。

你當然要持續投資自己的人生愛好，還有投資自己的健康；如此，科技醫療所帶來的長壽對人類才是一種祝福。

理財，不是敗給「不會」，也不是敗給「不想」，而是敗給「不做」。誰都可以做到！不過，真正實行的過程也不是那麼簡單。套一句賈伯斯的話說：當你要對一件事情說 Yes，表示要對一百件事情說 No！

你要相信你能！

理財的力量也是一種心靈的力量。世界變化多端，永遠不要陷入宿命論，誤以為世界上的一切都是天命、什麼也改不了。無論你的生活狀況如何，你總是可以做些什麼，至少可以相信自己的想法，掌握自己的行為方向，運用你手上的金錢善力，保持對生活的興趣與熱情！

緒論

富有是一種能力，堅持是一種選擇

Life Business School

富有是一種能力——
商學院教會我什麼？

　　一開始去念商學院的原因很簡單：我想學理財。
這當然是一場天大的誤會，誤打誤撞、僥倖考上後才
發現，商學院其實不會教你怎麼理財。事實上理財成
不成功，也跟商學院成績沒任何直接關係。商學院頂
多就是教你看懂財務報表、會計原則，還有成功企業
的策略思考。

　　第一次讀商學院的時候，我其實就是個自由工作者
（其實就是打工）。寫過書，主持過節目，在理財上
鴉鴉烏，既沒有公司要管理，也缺乏商學院相關基本知
識。我很認真地念了一本「圖解財報」之類的書和「企
業管理」的大眾版書籍，僥倖讓我考上臺大 EMBA。

　　老實說，在念 EMBA 之前，我對商學院基本觀

念是一竅不通。同學們都知道什麼是 B2C、SOP、CRM，但我不知道。有一次老師在上頭討論麥當勞的 business model（商業模式）。我看隔壁的學長看起來滿老實的，就問他到底什麼是 business model ？他竟然笑到從椅子上跌下來，後來我才知道那位學長是個專業會計師。

還好我臉皮還滿厚，對他說：「我就是不知道才要學啊！什麼都知道，來這裡幹嘛？」有人說念 EMBA 是為了交朋友，我可不是，我是來學東西的。學什麼都好，我要擺脫我的理財愚蠢！

是的，商學院教我的第一件事，就是勇敢——臉皮要厚點，才能學到東西。

常有人說去念 EMBA 不是為了學習，而是擴展人脈。首要先澄清，如果你只抱持這個目的而來，卻沒有學習精神，你在某些要求較高的學校會過得很辛苦，因為不管是臺大或是我後來到中歐國際工商學院，絕對不是認識人、交交朋友就能過關。你不能混到被看得出來，不能考得太差，否則同學私底下會看

不起你；團隊作業必須有貢獻，否則大家以後也絕不可能和混仙做生意。

像是在中歐國際工商學院，一個月雖然只上課四天，聽起來不多，但是課程密集度之高，每天從上午九點到晚上六點，中間只休息一個小時；晚上六點之後還有演講，接著是課後的小組討論，一路到凌晨二點。

這些都是過程，重點是在課堂上你能不能端出成果。上了四天的財務管理，那些念清華、北大、史丹佛跟麻省理工學院的同學，看財務報表像在吃巧克力，建立財務模型簡直不費吹灰之力，說不定比老師還厲害；相比之下，我還真是吊車尾的，只能抱著課本，苦苦向同學求救！雖然當時很多課程，我都念第2次了。

雖然人脈不是主要目的，不過在商學院，我確實認識一些做事比較腳踏實地的人。商人最重視策略、規劃、行動與成果。美國最有名的國防部長，經歷過越戰與古巴危機的麥克納馬拉，就是個商人，還當過福特汽車的總裁。他們不只是把會計、經濟、行銷學

好而已，而是透過這些工具來觀察問題、訂定策略與行動，最終解決問題。

什麼是商人？我想把他定義為：「可以彈性擬定策略，並用行動力解決難題的人。」日本萬元大鈔上的畫像人物福澤諭吉，曾經這樣闡述過「商人之道」，他說：

❶ 商人是孤獨的，因為孤獨才有價值。

商人明白他所面對的都是競爭者（注意競爭者 ≠ 敵人喔）。這句話告訴你，一個有商學院思維的人，不應該陷入從眾思維，要有獨立判斷的能力，而不是一味跟著潮流。

❷ 農民希望安定，但商人要樂於不安定，因為不安定乃獲利之源。

求安穩，去當公教人員，高報酬一定是高風險，而高風險未必帶來高報酬！

❸ 商人一定要期盼冒險，並且盼望危險不斷發生，但不要踏進危險的漩渦裡頭。

這句話聽起來也許冷酷，但事實就如此。全世界哀鴻遍野的時候，正是財富重分配的時候，也是可以乘勢崛起的時機。這不也是投資家強調的？

❹ 商人像水中浮萍一樣，到處漂流吸取養分，居住過的地方就是他的故鄉，他的墳墓也可能是世界上的每一個角落，行過石頭做的橋，也要邊走邊敲看它穩不穩。

沒有一定穩固的事情，要保有好奇心，邊走邊敲。

我很喜歡這幾句話，對我來說，商人之道是一條很有趣的道路，也是一條冒險的道路，這也是為什麼我傾向稱自己是個商人。

如果要談我在商學院學到了什麼，除了那些書本裡的知識之外，我在這裡分享給你，商學院帶給我的五個思維轉變。從顧客服務觀點來看：

❶ 要有應變能力。

商業社會是瞬息萬變的，問題會一直來，平台會

一直轉移，沒有東西是不變的，有問題才是常態，不要期待哪天人活著會沒遇到問題。因此不要害怕變動，如果這世界一直安全而沒變化，相信你也會倍覺無聊。不變，也不公平，如果世界真如秦始皇所期望的「萬世一統」，那從祖先到我們也就是萬世賤民，不得翻身，你要愛上變動本身，就算不愛也要說 Yes ！

❷ 你要有度量。

不要因為別人批評就動怒。其實俗話常說，嫌貨才是買貨人。顧客批評你，當然未必完全是你的問題，但是必須胸懷大肚，因為這可能讓你看出自己不足之處。如果他只是故意來挫折你的自尊，那是他修養問題，大可不理會。但如果在這些話語中，你能夠嗅出某種建設性的力量，不如思考一下，也許可以得到啟發。那些沒有建設性的話不要聽，但是有建設性的批評，不要急著不高興。

❸ 不要怕被拒絕。

對商人來說，每個人都是潛在的客戶，人家現在不買不必耿耿於懷。商人知道客人這次不買，下次也

可能會買，你不要自尊太厚，臉皮太薄，太容易為自己貼上「失敗」標籤。這個人不買，還有下一個客戶。真正商人是看到非洲沒人穿鞋，會認為「太好了，太有成長空間」的樂觀者。是的，只要是剛需，就有成長空間。

❹ 要大方。

在會計上，每一分錢當然要計較，但是該給人的千萬別苛刻，這叫做誠信。我所看見的，那些只會省錢的小氣鬼，或者東扣西扣的人，一定做不了大生意。同樣的，對客戶一定要大方。互聯網的世界是容易比價、比品質的透明世界，以前客戶要求的是先「價廉」、再求「物美」，現在則是先「物美」然後還要「價廉」。做生意千萬不要變成「只有我相信這值得賣這麼貴」，網路上高手輩出，民智已開，你想洗腦誰？

❺ 世界上沒有最佳決策，只有最適合的決策。

一個堅持一百分的「完美主義者」，往往會在小地方卡關，因此動彈不得。各種需要做決定的時刻，

你必須發展一個最適合的決策模式，而不是堅持唯一解方。保持改變的彈性，這是讓你一直往前走的方法，對生意、對人都是。

這些思維轉變，也是我們跟參與 Podcast《人生實用商學院》的「商人」們，希望帶給聽眾與讀者的啟發。概念很簡單，很白話，沒有複雜的數學公式或模型，更多的是做實事的人與方法。藉由接觸商學院的思維，我相信你會更了解世界背後的運作脈絡，並且面對問題、處理問題。

是的，任何暢銷必有原因，雖然未必能複製，任何滯銷或破滅必然有理由，絕對不是因為「運氣不好」這種便宜的答案。用理性的態度，追根究柢找出原因，才能避免決策過程中可能發生的「認知混淆」和「決策錯誤」。缺乏清楚認知，也沒有決策工具的企業，就像在五里霧中，殺傷力強大到足以銷毀任何「天生好運」的人。

鍊 金 筆 記

人生和做生意以及理財都需要策略（或稱作戰略）。

策略是什麼？

現代管理學之父——彼得・杜拉克曾經說過：

策略不是研究我們將來要做什麼，而是研究我們今天要做些什麼，才能有未來。

學校無法教你的事：
如何在艱困中堅持？

　　某一天的早上，跟我搭檔主持好幾集 Podcast《人生實用商學院》的林峰丕醫師把排行榜傳過來，我才發現原來我們這個節目的排行還是很不錯，也拿過好幾次的榜首。

　　其實，我在這個節目開始的一個月後，就不關心「排行」了。我比較關心有多少人下載。為什麼？這就跟一家公司實在不該太在意它在業界排名，只把力氣用在「把前一名擠下來」上；你應該在意的，是有沒有更多消費者喜歡你的產品？這才是正確的商業思維。

　　每個人的軌道不同，節目也是如此，名次並不重要。當然我年輕時想不透這點，二十一歲剛開始出

書，很想登上排行榜。但是登上排行榜後，又很怕會摔下來，因為只要一掉下來，出版社就會說你過氣了。許多年不斷被排名考驗，我明白：這個星期的成功，從悲觀的角度來描述，其實只是還沒失敗，或晚一點失敗而已。如果你把排行榜當成最重要的競爭，那麼你很容易變成歷史上的那些不擇手段也要把厲害的人踢下來、整死的「小人」，不過是基於一種嫉妒的比較心理罷了。

很多人羨慕成功的人總是一帆風順，其實那是因為辛苦的時候實在難以宣揚。不久前我到新莊的新重劃區工作。拍片現場在一個美麗壯觀的建築裡，附近是新莊副都心的塭仔底溼地公園，問了住址覺得好耳熟，卻是人事全非。這才回想起，這就是當時我打工，有著水溝味的地方。碩士班二年級的時候，當時為了賺錢到新莊打工，一個月 12,000 元。下午五點以前我在學校讀書，之後到臺北車站搭交通車，從下午五點工作到半夜十二點，下班後回家。這個時間點的研究生應該好好寫論文的，但是光靠獎學金，實在

是不夠活，我還真心夢想自己有天存夠錢，能到國外喝洋墨水。畢竟當時我無視於母親「女人書念太多會嫁不出去」的建議，大學畢業不嫁人還去報考研究所，所以一毛錢支援也沒有。

那裡的水溝總飄散著一種氣味，辦公室裡的水也不能喝，煮沸過仍有味道。所以進辦公室一定要帶水，還要帶食物，萬一工作到半夜肚子餓了，附近幾乎沒有商家，這些反而成為當年在這邊工作最明確的回憶。

年輕的時候，還真不覺得辛苦。更有趣的是，當年省吃儉用所存下的錢，算一算，好像都被「有急用」的同事借走，後來當然是沒有還囉。我的個性比較逆來順受，只要還有飯吃，就沒覺得自己窮過。只要走過，不管成敗，都是有意義的。

現在道路整齊，都是高樓大廈，還有優雅的建築，早就認不出來了。其實什麼都會改變的，只是時間問題，還有人們有沒有魄力改善環境的問題。

然後，有一大堆從來沒想過的事情改變了我的人

生路徑，也使我嘗試了各種職涯冒險。我從不渴望當明星，卻因緣際會做了幾十年主持人；從未想過有一天會從商，也當了商人；其實年輕時候也沒想當個母親，卻也費盡辛苦的當成了。

人生，說白了就是經濟學一套複雜的「動態賽局」，而且通常是由意想不到的元素組成。人的一生總要面對一道道選擇題，哪個對？哪個錯？很難說。有時候前面對了，後面卻歪了。不同的選擇，都會觸發後面不同的結果與後續的劇情。有些人常為當初的選擇或慶幸或懊悔，但事實上就算當初換作另一種選擇，可能也未必帶來你預期的結果。

所有不斷後悔的人，都是自以為只要改變一個選擇，就可以控制全局的人。

人生的道路上，我從來不是龜兔賽跑的兔子。我真的什麼都慢，包括生孩子。只能說被社會徹底磨練過的我，不失為一個比較獨立自主還活得自在的生物。

人到中年，才剛開始做幾集的 Podcast《人生實

用商學院》，就有酸民到平台上留言：「過氣藝人，不要來蹭新媒體流量，去教老人社區大學吧！」，我大概生氣了三分鐘，但是馬上莞爾一笑，化為動力。只要有受眾就可視為「商場」，比的是產品力，可不是董事長是否年輕有力。我覺得過氣跟失敗也挺好的，好好做節目，好好做生意，好好寫書，在不在榜上也無所謂。你知道重要的是什麼，我靠自己過去累積的所有學習，掌握自己一套拳法行走江湖。最重要的，是做自己。

當初會做Podcast，是為了排行榜嗎？當然不是。其實是因為我從商學院學到的「利他」思維。真正的成功商人都能了解並做到「利他」才是真正利己這個精神。並不是每個人都要成為企業家或商人，但是淺白的商業知識和決策方式對現實人生肯定有幫助，已被研究出來的「比較可能成功的致富模式」對於「理財小白」更有解救作用，到了這個年紀，我愈來愈相信什麼叫做盡其所能更能歪打正著。就算你不知道要去哪裡，也會到一個意想不到的地方。

在華人的教育裡，我們習慣「線性」的思維。先小學、中學、大學然後就業，結婚生子然後期盼孩子上大學等等。但是人生比較像是一個複雜網狀的脈絡，岔路很多，走著走著，只要你願意嘗試改變，你會到達許多不一樣的驚奇路線，也許會從線走到平面更走到另一個立體空間。

賈伯斯在史丹佛大學的演講有一段名言，我相信就是在講類似的事情：「你無法預先把點點滴滴串連起來；只有在未來回顧時，你才會明白那些點點滴滴是如何串在一起的（You can't connect the dots looking forward; you can only connect them looking backwards.）」。

雖然我現今以商人自居，但人生中仍有更重要的原則。還有，能夠發揮能力就等於獲益，不要老只想獲利！可以無私的貢獻自己的想法是幸福的，有人聽，更是萬幸。我在錄製 Podcast《人生實用商學院》時並未想到如何獲利，這才是能夠一直更新的理由。我並不會因為之前三個月什麼廣告都沒有，也沒有任

何主持費而停止。因為這是我想做的事。先問你自己想做的事是什麼，先培養你的能力，並且相信，這世上只有你，能夠妥當運用你自己！長期不賺錢當然表示你的商業能力很差，但是，千萬不要只想到錢！

執行夢想，做你有興趣的事，又能賺到錢，致富才有意義吧！

鍊 金 筆 記

如何應付你的委屈？

假設你在森林中漫步，忽然被一支毒箭射中，

你會有什麼反應？

無非兩種：一種是非常憤怒，發誓要把壞人抓

住。

另一種是，把箭拔出來，逃出森林，努力自救。

正確的答案不用說你應該早就明白。

如果你窮追不捨去追敵人，反而會送命，既然

已經被射中，那只能自我治療，這是人在江湖

一定要有的概念。

富人的品格：你有做好變有錢的準備嗎？

很多人都以為我是文青，因為我從大學畢業就在寫書，那也是因緣際會。但其實我不太喜歡跟文青來往，有些文青（或是自認為文青的人），心裡有種高人一等的感覺，古人稱之為陽春白雪。現代一點的說法，就是自認為高人一等瞧不起商人，但是又渴望能夠洛陽紙貴，大大暢銷；萬一作品不那麼受歡迎，就批評別人不懂他的品味。

宋高宗曾經問岳飛：天下如何能太平？岳飛回答的是「文官不愛錢，武官不惜死」。說穿了，當朝文官的問題就是貪財。表面清官，背地裡卻積攢營私，貪財得要命，只是假惺惺。

在古代，錢還被稱為「阿堵物」，這個詞出自

《世說新語》，意思就是「那個東西」，不願意直接稱呼。原來對這些古代的文青而言，錢跟小說《哈利波特》裡的佛地魔一樣，不能直呼其名諱。

每個人都想變有錢，但什麼是有錢人？有 100 萬元是有錢人嗎？有 1 億元是有錢人嗎？在我看來，沒有一個固定金額可以讓你真正「升等」為有錢人。因為有錢人的定義與金額無關，而是你對財務的掌握程度，「當你覺得自己錢夠用」你就是有錢人。

不過這有個前提，那就是你知道自己需要多少錢，清楚自己的理財狀況。相反的，如果消費缺乏計畫，那麼你永遠看不到盡頭，那我相信你的財富因為錯誤投資而流失的速度，永遠會比賺的速度更快。不是你賺不夠多，而是無知擋住你前往富裕的道路。

除此之外，窮人很會「搞丟自己的錢」，相反的有錢人很擅長利用錢為自己工作。最常見的例子，就是窮人為了省 50 元斤斤計較，卻習慣把存款放在銀行定存，放任通膨侵蝕價值而不在意。但有錢人會讓錢放在更有價值的事物上，不管是花錢或是賺錢，他

們都能找到最有效率的方法。

👤 富有是一種選擇

我認為，富有是一種選擇，而這過程要靠你的堅持。

這跟大多數人的認知不同，很多人以為「富裕」是天賦，自己之所以生活無法富足，就是因為出身不好或基因不好，沒有賺錢的「命」。又認為，有錢人之所以會有錢，大多數都是因為會投胎家裡有錢，因此過著無憂無慮的生活。

但事實上，富有是一種可以培養的能力，雖然出身決定起跑點，但是不會影響你富有的可能性。最終，是否要致富的選擇，還是在自己身上。一般人所渴望的富裕，並非成為暴發戶，而是「財務自由」。所謂財務自由，指的是：就算你不工作，被動收入也能在你有生之年支應日常生活所需。

這仍然不能用固定金額來侷限。因為每個人對生

活所需認定不同，事實上也會隨著時代而不同。二十年前退休的人，有 1,000 萬元就會認為足夠終老，事實上如果這 1,000 萬元是死錢，無法活用衍生新的錢，很快就會坐吃山空。

其實富有是物質面和精神面的「雙重得意」，必須建立在多元的條件上。講得更具體一點，想要變富有，在我看來，最好具備以下生活特質：

❶ 養成良好的生活習慣

有好的生活習慣，代表你在健康方面比較不需要讓人擔心，像是運動就是一個好習慣。維持健康，就能省下醫療花費，這是最好的節省行為。

❷ 定義你自己的夢想，並且提高行動力

別說沒有夢想。夢想未必要太偉大。夢想並不是「目標」，是你活著的動力和意義。我的夢想很微小，就是把自己活得好一點，而且隨著年齡進展，人生仍有新樂趣、新學習、新期望。我們不必期望自己像 SpaceX 創辦人馬斯克立志登陸月球，但我們可以

當很有行動力、確實達成小小願望的人。不管你多大年紀，提升自己都是必要的。請相信，人雖然想活得舒服，但原地踏步你會愈活愈不舒服。

❸ 規律性固定學習充實知識

現代人多麼幸福。在科技的協助下，愈來愈多管道可以充實知識，線上課程、電子書、Podcast，只要有手機就可以開始學習。而且有每天固定學習習慣的人，通常在時間管理上會比較有效率，那代表生活也會比較有規律。每天讓自己多成長一點，投資在學習上也能創造複利效果。我很相信「追求夢想會孳生利息」，不只在理財上創造「複利」才能使你懂得讓財富自由，在學習上很多人困惑於科技所帶來的「訊息爆炸」，很怕會因而變得焦慮。那是因為你眼中所見是資訊，並非知識。新聞不是知識、八卦不是知識、經驗也不是知識，知識還是要經過系統化學習，或者比你專業的人幫你整理出理路和邏輯。

❹ 和正向的人做朋友

到了一定年紀之後，我知道自己不可能跟每個人

都當朋友。如果要活得愉快，就要跟正向的人做朋友；會帶給你負面能量的人，那就斷捨離，至少你不會因為跟人溝通而感到沮喪。溝通本來就應該是愉快的，不必跟讓你不舒服的人來往。就算那個讓你不舒服的人是親人，說真的也不必一直「相濡以沫」，保持點距離，人生更寬闊，不常相見彼此不會愁苦那麼多。

❺ 存下收入的 2 成

坐吃山空是很可怕的事，為了避免這樣的慘劇，從年輕時一定要養成這個習慣。我常會對沒有積蓄的人說：「存 10% 總可以吧？」老實說，存 10% 我覺得是有點少，你賺的錢愈多，那比例就應該要提高。比如月入 3 萬元時，也許你只能存 3,000 元；但是如果你有斜槓收入月入 6 萬元，且只需扶養自己，應該存 3 萬元，因為你並不必因收入變多而膨脹消費金額，這樣才能存下第一桶金。不要輕易變成「暴發戶」，所謂暴發戶，在我看來不是指錢多的人，而是指隨著收入膨脹，就開始任意花錢的人。最應該培養

的重點不是數字,而是「先存錢再消費」這樣的習慣。

❻ 做你自己喜歡的工作

每個人的興趣不同。但是,只要一個人做自己喜歡做的事情,不管再忙都會覺得充實。因為你不是為了滿足別人的期望,而是自己人生的目標。但很多人對自己沒有期許,只會迎合別人的期待。這樣的人一樣很忙,但只是忙著為別人創造價值,自己並沒有成就感。

比如:爸媽希望我考上公務員,因為有退休金。問題在於:你真能樂在工作中嗎?說真的,我的確有當三十年公務員的同學,但並非一直樂在其中。如果你能樂在其中,就能得到成就感,那就是一個「你喜歡的工作」。做一個會使你眼睛發亮、不計較工時的工作,才是人生樂事。

❼ 培養消除負面情緒的能力

很多事情會激怒我們,網路酸民的一句話,或是開車時後方莫名而來的巨大喇叭聲,都會很有效率的創造負面情緒。即便絕大多數讓我們不高興的偶發事

件帶來的影響不大，但如果不放開這些情緒的糾纏，它就會成為你人生的沉沒成本。如果再不斷地累積這些沉沒成本，就會把自己變成一臺「昨日垃圾處理機」，那麼你還有能量去追求目標嗎？

❽ 如果你賠得起，就勇於冒險

如果有人告訴你，有一條可以不冒任何財務風險就能致富的路，那100%是詐騙集團。風險無所不在，就算你買的是 ETF 或是護國神山像台積電，都沒有人可以保證你一定獲利。老話一句：「投資一定有風險」。然而，也不要在毫無知識的狀態下就去冒險，沒有降落傘，跳下懸崖只會粉身碎骨，冒險前必須計算：你賠得起嗎？不少人在年輕時勇於創業，正因：「反正本來也一無所有。」這是個好理由，如果你非得確定無風險才願意行動，那你會錯過很多的機會。

❾ 習慣超越自己

很多人都因為比較心態而苦，不自主地會與他人比較。其實不必找那些假想敵。為什麼你不跟自己比較呢？計較自己有沒有比昨天多成長一些，要比你忙

著去打聽同學的薪水行情還有朋友住什麼房、開什麼車？對自己的致富體質更有幫助。

　　只要你和我一樣，相信「往對的方向努力就會有成果」。那麼，我們就可以盡其所能地過著充實人生。儘管真實人生的奮鬥過程常常是痛並快樂著，但你會為努力過的一切佩服自己。請相信真正的富人都是努力過的，而不是銜著金湯匙出身的。

鍊 金 筆 記

富有是一種選擇，靠的是堅持。

不會理財，一生沒有依靠。

理財課，就像蓋房子一樣，把地樁打好最重要。

理財很簡單，而且愈簡單愈不刺激才是對的。

任何複雜的原則，都將敗給時間；任何自作聰明，都將敗給黑天鵝。

理財並不是為了準備退休，而是為了培養活在現代社會的自信。畢竟這個世界任何東西都是我們「交換」而來的，愈早懂得愈好。

是的，這是一個通膨非常嚴重的時代。

如果你願意仔細算一下通貨膨脹能夠「客觀」地到達什麼地步，預估二、三十年後可能要月入 30 萬元才能養活一家子，這絕非聳人聽聞！

第 1 篇

通膨

大通膨時代，你要改變理財的思維

01.

通膨酷斯拉來了！為何有資產的人才能生存？

　　如果要為 2021 年下一個關鍵字，我個人認為就是「通膨」。在我做 Podcast《人生實用商學院》開始，我們就不斷論述通膨的概念與因應之道。這幾年來，愈來愈嚴重。

　　目前，出現的狀況是：消費者物價指數那麼高，而實質經濟其實不好，不過消費者擔心的升息也不會是無止境的。如果為了抑制通膨拚了命升息，從數字面來看很危險，根本就是政府自己掐住脖子，特別是那些債務已經超過 GDP 的國家！

　　同時擔心著通膨和經濟衰退，經濟學家說這和1973-75 年全世界唯一一次停滯性通貨膨脹（stagflation）很像。原因恐怕就是因為這些年來印鈔太多，且貨幣

可以流通於全世界的國家，鈔票拚了命地印，錢不斷地發，卻沒有對實質經濟有所促進。所以「通膨」和「經濟衰退」這兩個平常並不愛搭檔的朋友，一起來拜訪。

這一次全世界的通膨，肯定比以前所有的通膨都難收拾！

你可能已經開始感受到通膨對生活的影響：有開車的人，會發現油價已攀升許久；路邊攤和餐廳的食物也開始調高價格。就算不漲價，你也會發現份量似乎變少了。數字會說話（如圖一所示），包括油料費在內的交通與通訊類物價指數，在 2021 年物價成長超過 5%。

你不能怪他們，因為如果不漲價，他們撐不過原物料的上漲。臺灣人習於用搶菜對付颱風、疫情或任何民生物資的漲價、用買房對付錢變薄……這些事都發生了。

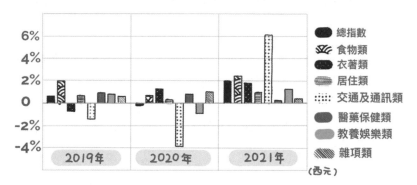

圖一 2019-2021年消費者物價基本分類指數年增率（註：交通與通訊類含交通與通訊設備、油料費與交通服務及維修零件；雜項含各種生活用品等。）

資料來源：行政院主計總處

😀 是長通膨還是短通膨？

疫情之初，曾有學者寄望這波通膨只是短期現象，美國財政部長葉倫和諾貝爾經濟學獎得主經濟學家克魯曼教授，也曾經認為通膨只是短期現象，不會造成太大災難，等疫情過去就能順利過去。

有些現象確實是短期的。比如說機票價格上漲，部分是因為疫情導致供需不穩定，長期而言自然會恢

復平穩；還有能源價格的確因為俄羅斯與烏克蘭的戰爭而拔高。我也同意疫情過後，失業率應該會慢慢降低，產業會漸漸復原回到正常水準，人們不再因為杜絕傳染而被閉鎖，生活能恢復過去的樣貌。

但是，通膨不會過去！人類歷史上幾乎沒有「物價忽然變低」的狀況，除非一個國家的幣值大增值！我們要有長期面對通膨的準備，甚至風險會愈來愈大。事實上我們這幾十年來已發現，手中 100 元的購買力已經縮小了許多，而未來同樣貨幣購買力的消失會更加明顯。

疫情所造成的運費上升可能會回落，但是大發鈔票所造成的貨幣太多、商品太少的失衡，卻很難在短期內改善。

中央銀行是國家貨幣政策與物價通膨的把關者。過去，各大國中央銀行為了穩定物價，致力於維持每年的通膨平穩，也就是物價上漲的幅度在 2%。

為了拯救金融風暴，十多年前美國中央銀行，也就是聯準會（Fed）祭出「量化寬鬆」政策，除了透

過購買債券釋出貨幣，也把利率慢慢降到最低點。Fed 的邏輯在於：如果要國泰民安，那麼就要讓人民充分就業；要追求充分就業，就要讓新公司更容易借到錢，才能提供就業機會。

而當利率維持低檔，市場資金充沛，自然會造成錢太多的狀況。而多數原物料資源有限，既然商品太少，必然是價高者得，因此市場會湧入資金去搶買商品，價格上漲也是必然。

而且愈大的國家，資金實力愈大，貨幣國際影響力也愈廣，以美國來說，大印鈔及低利率所引發的資金浪潮不只影響國內市場，還會將通膨像海嘯一樣捲到其他國家。這兩年來像是從拉丁美洲阿根廷，到中東的土耳其，物價都有兩位數的漲幅。通膨，會是全世界共同面對的難題。

而通膨容易降溫嗎？也許會降溫，不會再漲那麼多，但已經漲上去的價格，是不會跌回原位的。請問你一個簡單的問題：你家巷口的滷肉飯漲價後，曾經降過價嗎？相信答案大概都是否定的。

從財富的角度,當然有人能靠通膨致富,但大多數人會因為通膨而變窮。為了避免財產被通膨侵蝕,資金大量挹注資產市場,資產價格也水漲船高,原本擁有房地產與有價證券的人會更富有,而窮人則得承受薪資凍漲、物價卻上揚的壓力,可能連明天吃飯的錢都沒有。經濟學大師傅利曼說:通膨會讓社會分裂成「贏家」和「輸家」,貧富更加懸殊。

　　特別是沒有資產,手上只有一些定存甚至現金活儲的人,雖然看起來 10 萬元還是 10 萬元,但因為通

圖二 臺灣六都房地產六年來漲幅(註:這是最客氣的增幅統計了)

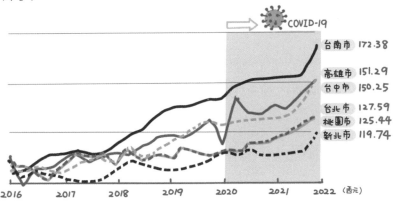

資料來源:內政部不動產資訊平台

膨，實質購買力已經被偷走了。

COVID-19 疫情之後全臺房價狂升，也說明人們對於金錢購買力變薄的憂慮。不管你喜不喜歡，我說的是事實：明明是少子化，明明政府在打房，但房價確實隨著疫情步步升高。如圖二所示，就能很明顯地看到，新冠疫情自 2019 年底開始擴散，但六都房價成長更加快速。還不是因為 COVID-19 疫情！是因為通膨！

⊘ 通膨時代的三個逆轉思考

❶ 現金為亡

通膨時代的第一個逆轉思考，就是重新看待現金的價格。以前大家說現金為王，是代表當市場面對可能發生全面性衰退時，保留大量現金可以避免遭受池魚之殃，還可以企圖在一片哀鴻遍野中撿到便宜，那現金就是王。

但現在錢潮那麼洶湧，鈔票愈印愈多。你因為害

怕損失而把它凍結在銀行，讓它不成長就是現金為「亡」。因為現在不只定存利率低，就算再怎麼升息，比例也抵不過物價漲幅，當通膨成為經濟新常態，錢放在銀行裡的結果就是貶值。

❷ 長期投資，而非短期套利

能不能好好善用現金，與投資人的理性決策有關。首先你當然要投資，但是很多人做的投資其實不是投資，而是賭博。要在通膨時代下累積資產，應該效法巴菲特的長期投資法。如果你不知道要買什麼，就買全臺資金聚集量最大的 ETF，別自作聰明想要低買高賣、打敗大盤，我自己也是這樣做。

適度通膨是有利於股市的，知名投資大師安德烈·科斯托蘭尼有一句經典名言：「世界需要適度的通貨膨脹，它就像一場舒適的溫水浴。」你很少遇到市場在適度通膨環境下，股市僵滯不動的；短期有可能，但長期不可能。在適溫通膨下，長期來看股市有 8 成的時間在漲，只有 2 成的時間在跌。當然，漲可能是緩漲，跌卻常常一、二日便劇跌。

大部分投資人都有一種奇妙的幻想，稍微了解技術線圖，開始跟那些股市老師學到「低買高賣」的說辭，就認為自己天賦異稟，可以預測股票漲跌趨勢。萬一還真的給他猜對了一兩次，那就覺得自己很有神通，直到最慘的一次猜錯為止。

　　然後就收手沮喪地停歇一段時間，完全不投資。直到股市已經上漲一段時間，「大家」都進場了，他開始有信心「猜」到這應該是進場的時間到了，然後因為他的從眾心理套在最高點附近。你以為跟著大家，風險就會變成零，事實上就是因為跟著大家衝進衝出，才付出最大代價。

表一 投資 1 塊錢在 S&P500 指數

投資情況	最後回報
買進並持有	71.21
錯過漲幅最高的十天	23.62
錯過跌幅最高的十天	226.14
同時錯過最好與最差的十天	75.01

資料統計：1927 年至 2011 年

在華爾街，有個很經典的統計資料：如果股市漲幅最多的那十個交易日，你剛好缺席了，那麼將會大幅降低你的投資報酬率。如表一所示，就是過去從1927 年到 2011 年的累積報酬，共有四種情況，這是我能找到最簡單的模型。

很顯然地，如果你只是買了然後放在那裡不動也不加碼，他最後就會變成 71 倍。如果能夠像神仙一樣避開大跌的十天，而大漲的十天又都有跟到，那你就有 226 倍，太完美了！問題是你並不是神仙而也的確沒有人這麼準過！如果你非常倒楣錯過了大漲的那十天，那麼你能夠從長時間中收益的獲利會縮水到23 倍。當然，通常你也不會那麼倒楣，每次的上漲都剛好沒跟到，這個表在告訴你其實跟著長期的上漲就夠了，你不用自作聰明就會有 71 倍的報酬！

實際上，也沒有任何有效方法，可以預測市場未來會上漲或下跌，這次疫情就是絕妙範例。疫情剛開始的 2020 年初，大家認為會跌的時候，它狠狠地漲了一陣子，疫情在世界各國慢慢解除或封關之後，有

一段時間跌幅反而看起來讓人絕望。

　　其實，在投資時，如果我們要去挑選買賣的時間點，總會遇到「猜錯」的風險。投資應該有比「猜」更理性的方法。比如採取長期投資來坐享利益，以定期投資來平均投資成本。如此一來你不會錯過大漲，在大跌的時候也可以有攤低成本的機率。還有，長期投資可以減少交易次數，因為交易本身也是要花錢的！長期投資省事又省錢，不要祈求變成神仙，就可以穩穩用最理性的方法累積財富，不是嗎？

❸ 利率偏低時，適當的舉債比無債一身輕好

　　很多人害怕借錢，覺得跟銀行借錢是很吃虧的事，因為要付利息。但事實上通膨對於低利息時代欠債的人其實是有利的，因為通膨會讓你借的錢「實質」縮水，如果通膨高過利息的話。有個財務名詞叫「淨現值」（NPV），簡單的說就是每年的錢購買力不一樣，因為通膨緣故，今年的 100 萬元與明年的 100 萬元，在實際購買力上有差，簡單來說，今年的 100 萬元會比明年值錢。

如果你有好好投資，將這 100 萬元投入股市，換到能夠跟上通膨腳步、持續增值的 ETF，比如以高股息 ETF 來算，漲個 5% 是有可能吧？當然有可能！如果只要付 2% 以下的利息，就有機會把這 100 萬元變成 105 萬元，而且要還的錢，其實比你實際欠的還要少，那你等於是善用現金在賺錢，當然，在某個倒楣的一年，你可能減損本金，但長期來看，比如五年、十年，股市完全停滯的可能性很低。股市百分之八十的時間，是在緩緩上漲的。

圖三 臺股加權指數走勢：短期有波動，長期仍呈現成長趨勢

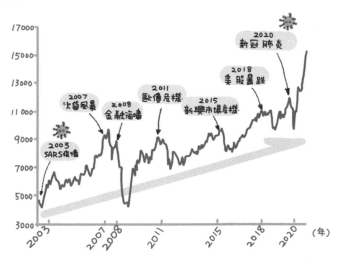

ⓧ 通膨時代，堅持理財才能擺脫不安全感

但是還是要提醒，聰明舉債跟大開槓桿是完全不同的。每個時代有每個時代的投資方法，以前通膨會想到要買黃金，事實上你可以把它歸列到「舊時代」思維裡去，別讓「買黃金才能在逃難時保值」的念頭復辟。事實上在「逃難概念」中，人們只是在尋找一個「可以避開國幣消失或貶值災難」的東西。

看看俄羅斯與烏克蘭之戰吧！人們帶得出來的不是美金，而是比特幣。烏克蘭人在意識到戰爭已經發生時擠在 ATM 前提領現鈔，能不能提領到已經很不確定。你可以看見在禁止適齡男子出國前，烏克蘭年輕人帶著 USB 倉皇出走，身上 1 塊錢也沒有，只帶著 1 個 USB，但短時間他卻可以有錢活下來，因為 USB 裡有他存下來的比特幣。當然，他不能忘了它那串獨特的密碼。當一個國家的貨幣或金融體系因為戰爭而岌岌可危，通常領取現金已經來不及，但只要有網路和手機，加密貨幣在很多國家都能夠透過 P2P 兌

現為當地貨幣，完美體現虛擬貨幣的使用場景。

匯兌上不受政府管轄，也可以避免過度離譜的交易成本及匯兌損失，比如「一兩黃金在戰亂中換一碗飯」的蒼涼。「只要你活著，保證你在全世界都有錢可用」，我認為這是加密貨幣最好的廣告詞。而它本身的價值雖然目前波動不小，但未來仍可能有相當大的成長性。不像黃金一旦進了你的口袋，你最擔心的就是它被偷了。

而有關比特幣的投資，拜託也別豪賭，不用太相信凱薩琳・伍德所說的：「1 元比特幣將等於 50 萬美元！」慢慢等吧……不是不可能，而是不知道你把錢賠光前有沒有可能：用定期定額投入總收入的 1% 到 5%。閉眼不管它，相信長期也很令人驚奇。你必須擁有具成長力的資產，例如股票或房地產，就算是小資族也能定期定額買 ETF 零股或比特幣（虛擬貨幣）。不過要提醒一件事情：雖然虛擬貨幣花樣很多，千萬不要「撿到籃裡就是菜」。像我這樣的保守派，認為只要慢慢買進前兩大幣種即可。

通膨時代，我們投資的目的也不是要賺大錢，而是希望有經濟上的安全感。通膨確實讓人不安，知道自己有飯吃的人至少比較安心。在大家恐慌時可以過你要的生活堅持你的選擇，鍛鍊富有的能力，會使你得到人生真正的自由。

鍊金筆記

人生有時候有些辛苦。

不過正是因為辛苦，我們才真正得到了「經驗」
和「智慧」，練出一種態度。

我覺得不應該抱怨辛苦，要感激辛苦。怎麼說
呢？

就跟打電玩一樣（我有時候也很沉迷），如果
那個遊戲太簡單，動不動就過關，那麼你就很
容易感覺它索然乏味，決心放棄。

02.

消費再定義：你該在意的是「資產」還是「耗材」？

　　「天下沒有白吃的午餐」，這句話人人會用，但大多數人卻沒弄清楚它真正的意思。這句話講的不是「沒有免費的事物」，而是任何選擇背後都有成本：餐廳招待你一份免費午餐，你的成本是不去另一間餐廳消費；超市提供免費停車位，其實已經把成本轉嫁到營業成本，也就是你購買商品的價格中的一部分，甚至可能由所有消費者共同負擔。

　　在這裡，我們只要記得：任何東西，不管它是多少錢，你都有投資成本。如果你買到的東西會增值，這筆成本就會賺取利潤。如果你買的東西會隨著時光貶值，那麼我們就叫它「耗材」（《富爸爸、窮爸爸》

表一 複利效果，愈早開始差異愈顯著

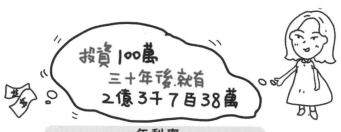

投資100萬
三十年後就有
2億3千7百38萬

投資年數	年利率				
	1%	5%	10%	15%	20%
0	100	100	100	100	100
1	101	105	110	115	120
2	102	110	121	132	144
3	103	116	133	152	173
4	104	122	146	175	207
5	105	128	161	201	249
6	106	134	177	231	299
7	106	141	195	266	358
8	108	148	214	306	430
9	109	155	236	352	516
10	110	163	259	405	619
11	112	171	285	465	743
12	113	180	314	535	892
13	114	189	345	615	1,070
14	115	198	380	708	1,284
15	116	208	418	814	1,541
16	117	218	459	936	1,849
17	118	229	505	1,076	2,219
18	120	241	556	1,238	2,662
19	121	253	612	1,423	3,195
20	122	265	673	1,637	3,834
21	123	279	740	1,882	4,601
22	124	293	814	2,164	5,521
23	126	307	895	2,489	6,625
24	127	323	985	2,863	7,950
25	128	339	1,083	3,292	9,540
26	130	356	1,192	3,786	11,448
27	131	373	1,311	4,354	13,737
28	132	392	1,442	5,007	16,484
29	133	412	1,586	5,758	19,781
30	135	432	1,745	6,621	23,738

原本100萬

2億3千7百38萬

一書中叫它「負債」，我覺得耗材更加清楚），那麼你的成本就在耗損。

　　投資也有成本，你買進一張股票，假設是 100 萬元，那麼這筆投資的成本買的就是這 100 萬元股票獲益的使用權。但如果這是一張年股利為 5% 的股票，明年這個時候總值會多出 5 萬元，只要公司持續發放股利，基本上是放得愈久，領得愈多。

圖一 不可忽視的折舊！汽車開得愈久，價格通常愈低（註：這是客氣的數據了）

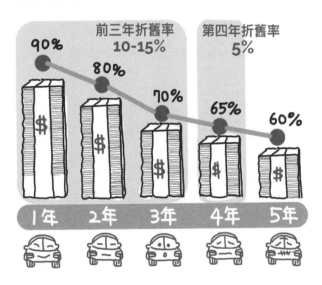

如果你把股利再拿去買零股一起雞生蛋，蛋生雞，那你的錢每年會多 0.05。第二年後所得公式就是 100 萬 ×1.05×1.05×1.05……。0.05 看起來很少，前十年你對這筆錢的複利會不太有感覺，不過你愈老就會發現數目比你想像中巨大。

相反的，如果你決定買進一輛車，大概一領牌就開始折舊，而且開得愈久，價格愈低。一輛十年的老車會剩下多少錢？恐怕超乎你的想像，也許你會回答：名牌車折舊少。是這樣嗎？其實只是因為好牌子的車再舊都會有人接手而已。車主購買金額高，隨著年、月耗掉的錢也多。看看這個簡易的折舊率換算表。

你應該可以算出，到第十七年，你的 100 萬元就花完了。這就是我斷定「愛換車的人」通常不是真富有的原因。會不斷貶值的叫做耗材。

這就是資產與耗材的差異。什麼是資產？就是能夠為你帶來現金流，把錢放進你的口袋的商品或服務；相反的，耗材會減損它的市場價值，並且可能需要你投入現金去供養。女性也不要迷信名牌包是資

產，只要妳用過，它不會增值，我的貴婦朋友很堅持她的愛馬仕柏金包是資產，直到她在某二手店看到和她一樣的包，只是略略被使用了，價格剩下原價三分之二。只能說它仍有價格，仍有「殘值」，實在無法說它是可以增值的資產。拍賣會上的高價柏金包，是由商家或名人提供，可不是來自於一般消費者。

很多看起來很有價值、有用的商品，其實都是耗材。例如智慧型手機，只要蘋果推出新手機，就會掀起一波「開箱」風，為了搶到手機不惜花時間排隊，或是動用人脈關係，大家似乎樂此不疲。但是在我看來，手機功能再強、風格再時尚、再能幫你做生意，都是耗材。「耗材」不是在罵它沒用，而是在東西本身是否能夠保值加增值。生活中需要定義的耗材很多，但只要你明白它是耗材，就不會步入「我明明很有錢，為什麼後來會一窮二白？」的疑惑。

想要當有錢人，就要盡量去存資產，這些資產可能會帶來「被動收入」：就算在你睡覺或是工作時，也會自動為你賺錢（比如出租房）或省錢（比如自住

房為你省房租）。你可以買「剛需」的耗材，但不需為此志得意滿，因為耗材只會不斷消耗你的現金，拖慢你累積資產的速度。在資產與耗材的辨別上，人們常有如下的謬誤：

⊙ 誤解一：為我帶來益處的，就是資產？

也許你覺得，是這個手機能讓我拍照更美、當網紅賺更多錢、專案管理更即時、能接觸更多的客戶、甚至還能在上面剪輯影片……但是我要提醒大家，這些收益不單單是你手機的功勞，更重要的是你的才華，還有所花費的時間和剪輯技巧。

為什麼要釐清這件事情？如果你錯誤判斷某件商品或是服務是「資產」，等於就是給自己一個持續購買的藉口和動能。「功能強大的手機讓我的創作更順暢，因此我買手機是合理的」、「新車讓我的工作更安全，並且能使客戶看得起我，能拉到更多生意，換車是應該的」，這些想法在做出消費選擇時，經常

縈繞我們腦海。是的，我承認它們很有用，甚至韓劇裡的女主角穿上一套名牌洋裝，醜小鴨從此看起來像名門貴女，不是嗎？但是耗材就是耗材，在「財富自主」的路上，它們是減號，讓你的現金流流出去。

車子和手機是不折不扣的耗材，不只要加油，還要付牌照稅與不定時的修理費用。至於那些便利感或生活水準的提高度，這些抽象的概念跟現金流的流入不相關。你可以熱愛你的車子和手機，但請記住：買愈多，累積的資產並不會愈多。

⊙ 誤解二：能保值的，就是資產？

有一位明星向我展示她的包包時這樣說：她有很多的名牌包，它們就是我的家當跟資產。原來她在某一段財務出現問題時，賣掉前男友送的名牌包，拿到一大筆現金，換得之後三個月的溫飽。之後她發憤圖強，不斷累積資產，而且只要有錢就買名牌包。因為她覺得，精品因為物以稀為貴，在市場上相當保值，

只要缺錢就可以變現支應。

這個概念對嗎？當然不對。其實，所謂「保值」並不是真的，也沒保住全值，它只是保住「殘值」，至少還勉強能換錢而已。我們值得存「會貶值但至少還有殘值」的東西嗎？聰明的你，答案應該是否定的。

舉例來說，一個名牌包購入價 40 萬元，過了一年還能以 75 折的價格 30 萬元賣出，一般人通常會說它「相當保值」。但這筆買賣代表這個商品無法為我們帶來正現金流，除了 10 萬元的損失外，算仔細點還得扣掉這筆錢如果放銀行可以得到的利息（現金的機會成本）。更不用說，除非是全球限量包款，不然大部分的精品在二手市場的脫手價，其實都被殺得很慘，還要付出相當高的交易成本。二手店家賣 30 萬元基本上可能只給寄賣者 12 萬元到 15 萬元。

同樣的道理也能夠套用在珠寶飾品上，你自己戴的首飾就當耗材吧！別想太多。我自己的界定方法是，如果它稀有、夠大、成色好，可以登上國際拍賣

會接受買家競逐，在變賣時不減損價值，是可以被當成資產（基本上三克拉以上成色好的鑽石，是可以視為資產的，但是它的交易成本很高，也沒利息喔，不可輕忽）。

但如果你只是買來配戴，比如說，一條 20 萬元的 C 牌名牌手環，二手價格常常就是 5 萬元，絕對不是資產，你說戴著高興就好了，有一個也夠了，別當成儲蓄資產拚了命買。我真的看過每年到銀樓買飾金或小金鎖片「存」起來的女性，自以為保有相當價值，事實上只滿足了心裡的感覺。

正確判斷資產或耗材，可以讓你在花錢時保持理性，不要讓自己為購物行為合理化，一廂情願以為你買進的是資產，其實是讓你愈買愈窮的耗材。

誤解三：黃金是好資產？

也許你會問說：那黃金是資產還是耗材？

簡單來說，黃金（我指的是金條、黃金存摺，並

不是黃金相關股票喔）不是耗材，但是也不是太好的資產，因為黃金本身沒有利息，本身也無法帶來現金流。真的別再懷念老一輩的說法：「你看在逃難的時候啊，黃金比貨幣好用多了，當時我就是拿它來換船票啊。」在危難的時候，拿一條價值上萬的黃金買一袋米，恐怕也是划不來的交易。

如果你像巴菲特一樣，不買黃金而是買金礦公司股票，那又是另外一回事了。巴菲特買的金礦股是資產。

反過來說，資產與耗材之間有明確的分界線嗎？也不盡然如此，甚至很多資產也兼具耗材的特性。像是房屋，根據《富爸爸、窮爸爸》的作者羅勃特·T·清崎的定義，他將自住的房屋列為負債，因為你若買進並擁有一棟房子，自己住在裡面，或空著不出租，除了房價，每年還要支付修繕費用與稅金；但如果你用這棟房子來創造收入，它又具備資產的性質。

其實在我看來，以我們這些人生已經過了一半的人來說，現在還算「薄有資產」的還都是那些從年輕

時家無恆產，也居無定所（北漂）的人，靠著自己的血汗努力與省吃儉用，買了自己住的「耗材房」，雖然付出的代價很大，但也賺取了「房價與通膨齊飛」的利潤。

而有些人本來還滿幸運，仗著和爸媽住省錢，一直沒有要買房。等到某天必須分家出來住，才發現房價飛漲，在家中時以為很省房租，本來還額手稱慶，

圖二 臺灣十年物價、房價對照表

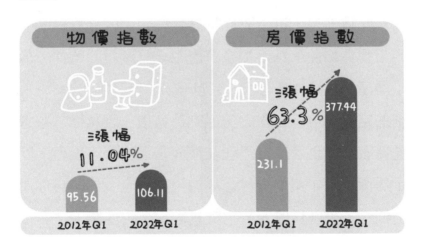

資料來源：中華民國統計資訊網（註：物價指數係以該季，三季月數值平均而得）

後來想想，反而是浪費了買入資產的絕佳時機。

雖然現在房價很高，但相對於家裡沒有房地產的年輕人，第一間房是「必要的耗材」。如果可能，及早努力吧！偷偷提醒你，如果長輩願意幫忙付頭期款，千萬別拒絕，有沒有自住房，在經濟的起跑點上完全不一樣。你看看下面這張表就知道：

要是買不起房，請你也別急，急也沒用。就理財的角度，請多存資產，除了房子，還有變現速度更好的成長型股票和 ETF。少買耗材，請存錢！先存部分的錢再花錢！但也請相信，我從不主張你為存錢而失去生活樂趣，那是捨本逐末。如果你是有閒錢可用的幸運者，可以採取 2：1 法則。「存二花一」心安理得，或在理財的同時又不忘取悅自己，你可以把你三分之二的閒錢放在有增值空間或是能創造現金流的資產，另外三分之一，你高興怎麼花就怎麼花，買耗材就開心買、出國開心玩，為你的人生取得理財與生活的均衡。

⊙ 好命人生=把自己當資產的人生思考

　　每一位理財專家也都會承認：最好的投資永遠是你自己，尤其是你還年輕的時候。你的時間，你的精力，都該用在「讓自己更好」這個目標上。

　　愛因斯坦曾經說過一句話，他說：每個人都是天才，但是如果你用爬樹的能力來衡量一隻魚，牠會一輩子覺得自己是笨蛋。用錯地方，投錯人生機會成本，就是把自己當耗材了。可惜很多人把自己活成耗材，讓自己的時間與精力不斷消耗。

　　要怎麼把自己當資產，而不是耗材呢？

❶ 強化你的強項，淡化弱項。

　　如果你是魚，那就好好鍛鍊游泳技術，不要勉強自己當一隻爬樹的魚。

　　考你一題，請快速搶答：假設現在你要參加大學聯考，只考三科，你的國文程度 90 分，你的英文 50 分、你的數學 10 分，你剩下半個月的時間只能專注

在一個科目，那請問你要加強哪一科？

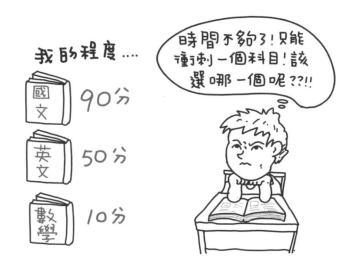

大多數的人都不自覺地說：「加強數學。」

這是不對的！你以為從 10 分到 100 分還有 90 分的進步空間，要成長似乎比較容易。不過，如果你學了多年還只有 10 分，那你可能就是那隻「不會爬樹的魚」，再加強恐怕也沒用；而國文你也已經 90 分了，和 100 分只差 10 分，你的成長空間有限。正確答案是「加強英文」，50 分的你應該還有救，也還有空間可以加油。

這是個決策思考的簡單訓練題，當然不是要你放棄拿手的國文。如果我問的是：你該選什麼科系，你的答案應該更清楚了，數學 10 分，去念理工科會變耗材，不是嗎？千萬不要勉強自己！

❷ 別當感情關係的耗材。

感情或親情中，不斷被當耗材，恐怕也沒有人會覺得幸福。不管你再怎麼愛一個人，都不要在這段關係中一直被損耗。就算你多愛你的家庭，也不要當一個只會犧牲奉獻的被耗之材。在你抱怨或說出「我就是沒辦法啊」之前，請仔細想想你是否也可以為自己做些什麼？有沒有方法讓你不要「蠟炬成灰淚始乾」？不要放棄尋找突破點！

❸ 找到自己的獨特性。

在商人眼中，耗材就是可以被替換的資源，但是當你具備獨特性，你就是他們眼中的資產。比如說，當一個外送員開車送餐，你能夠產生的差異性相當有限，但如果你會寫程式、你超會賣東西、你具有豐沛的文史知識、你的財務頭腦清晰、你很敢講話口才一

流，甚至你有獨特的外貌條件，就有機會發揮專精領域，成為這個領域的佼佼者。

看看現在叱吒風雲的網紅們，都不是以前的標準明星臉，也不是想像中對答如流的大家閨秀，更不是什麼經紀人捧得紅的。他們有什麼共通性？我的答案是：他們的共通性就是很有「個人特色」！

「差異化」肯定才是突破點，尊重專屬於你個人的天賦資產吧，別陷入無成就感的人生，徒然消耗生命！

鍊 金 筆 記

每個人都有自己的獨特個性，那也是你的「個人隱形標籤」。在商業環境中，既保持個性，又能融入環境是非常難的。

保持你的特質，不要老想著改變，但也同時要和你的環境保持可溝通狀態，讓你的影響力不被削弱，平衡這兩者至關緊要。

03.

無債一身輕？理性負債也是一種理財行為

　　講到理財，在一般人的心目中就是管「理」錢「財」；但在大通膨時代，你要理的不只是「財」，還有「債」。

　　有位朋友，因為他不喜歡欠錢，買什麼都喜歡一次付清，為了買房不斷存錢，存到四十五歲房價又漲了，算算手中的錢只買得起小套房。人生沒有後悔藥，如果十年前他向女友求婚時願意適時運用槓桿，放棄「全付才有安全感」的堅持，申請房貸（當時房貸利率約 2%），當時 1,000 萬元在臺中已經可以買很大的房子了，大概和他房租也差不多，現在他應該擁有一間 3 房的房子，絕不是在為房東調漲租金而憤怒。

真不能怪他，這也是老一輩教我們的觀念：有骨氣就別跟人借錢。

⊗ 沒欠債＝成功理財？

這句話乍聽之下合理，但有錢人可不這麼想。有人這麼諷刺地說：「窮人每天拿錢給銀行，有錢人每天從銀行借錢」。而窮人愈存愈窮，但有錢人愈借愈有錢。

大家都以為有錢人最會賺錢、存錢，但事實上達到某種富裕程度的有錢人最擅長的也可能是借錢與花錢（投資、買資產、開創公司）。有錢人會估算自己的財務槓桿是否健全，只要有機會借得到錢，在利息比他能賺的錢還少的狀況下，會勇於借錢用來投資。這就是所謂的拿「別人的錢」來賺錢。

事實上「借錢」在企業經營是再正常不過的事。舉個例子來說，亞馬遜是全世界最有錢，也最會賺錢的公司之一。如果你攤開亞馬遜資產負債表的債務那

一欄，會發現自 2017 年的 1,036 億美元，到 2021 年成長到 2,823 億美元，五年來債務成長超過 1.7 倍。

但亞馬遜是失敗的公司嗎？恰巧相反，因為他們獲利能力驚人，這些「債務」不但不是負擔，還是攻城掠地的彈藥，讓公司股東權益自 270 億美元竄升至 1,382 億美元，也整整是 5 倍有餘。

除了亞馬遜的獲利能力，還有看借貸成本是否低廉。根據統計，亞馬遜平均借貸利率介於 1.6％ 到 1.8％ 之間。如果從簡單的財報數字來看，亞馬遜的資本回報率（ROA）自 2017 至 2021 年平均高達 6.5％。對於銀行而言，有這樣的獲利能力，豈有不借錢的道理？

就像我在日本投資的公司名下房地產，其實都是透過貸款購入，利率以歐洲銀行來看，大概在每年 0.9% 左右，而實際上海外借貸在 2010 年時投資報酬率是 8% 到 9%，扣除掉營業成本和稅收，大概稅後淨利也有 6%。這幾年來日本房子的漲幅和日圓匯率大概都是反比，以長期投資而言並不需要特別計算。

以 72 法則來算 72 除以 6，大約十二年可以回本，如今剛好十二年了，基本上累積獲利肯定大於本金，而資產等於零成本。

圖一 72 法則，算出資產翻倍的時間

由於多數的錢是借來的，借錢也平衡了匯率的風險（日圓貶值時債也變少）。不過，開設海外資產管理公司還是一件麻煩的事，其實大家不用這麼累，你可以選擇比較好的 REITs（不動產投資信託），現在

臺股也有此類 ETF 了。我的朋友從十二年前投資美國的 REITs，某日看見自己的投資本金項目變成「負數」，為什麼？因為平均報酬也是 6% 左右，所以他也已回本了，他拿回的配息已超過本金。

當然，同樣是十二年回本，聰明的你看到這兩者還是有差異：我很費力，他很輕鬆。回本後我的公司還賺了那堆等於不要錢的房子，他還賺了那堆 REITs，我繼續費力，他繼續輕鬆，你選擇哪一種（忽然感覺自己變成耗材了）？

大通膨時代，為何貸方比較有利？

剛才講的是基本原則，如果再加上通膨環境的時空背景，你就會知道為什麼有錢人會更積極借錢。

簡單的說「利息」指的就是資金的使用成本。當物價持續成長，你手上持有現金的「實際價值」也會以同樣的速度減損——利息也是。

舉例來說，今年你向銀行借 1,000 萬元，年利率是

2%，如果申請延遲還本金，因此每年還款利息是 20 萬元。如果利率不變，這 20 萬元的每年負擔也會隨著通膨而變少。而你向銀行借的 1,000 萬元也會隨著通膨而變得沒那麼像鉅款。我們對「鉅款」的感覺很容易被「通膨」遏止。舉個例子來說吧，我爸在三十年前買了臺北的「三房無電梯 5 樓」老公寓，當時花了 260 萬元，朋友賣給他的，大家都說他買貴了，因為隔壁鄰居才買 220 萬元呀，當時我爸也著實被我媽說了一頓！

而且除了把家中現金都付掉，還為這房子貸款 150 萬元，好大的數字啊。我爸是老師，薪水約 4、5 萬元，當時壓力大到都得了「鬼剃頭」了。現在那間公寓大樓值 2,600 萬元（臺北市，中正區），以今思昔，150 萬元是不是好便宜？你一定不能感同身受於他的焦慮！

以數據來看臺灣借貸行為，近年來愈來愈熱門。消費者貸款從 2017 年到 2021 年成長超過 31%，其中其他個人消費型貸款（如現金卡或信貸）（37%）、

圖二 臺灣 2017-2021 貸款類別成長前三名

資料來源：中央銀行

汽車貸款（35.98%）與購置住宅貸款（32.42%）成長最快。

不過利率上，個人消費高於汽車，汽車貸款利率高於住宅。

親愛的，依據我們「資產和耗材」的理論，請問誰才是將來的有錢人？這裡有個觀念跟大家分享。負

債有兩種——「好的負債」：買資產，借錢來賺超過利息的回報；「壞的負債」：買耗材，吃喝玩樂以債養債。

債不可怕，沒本事還錢才可怕

看到這裡，你以為我在勸你借錢？錯！故事還沒說完。借貸後，你將面臨一連串的考驗：

❶ 現金流。

向銀行借貸，並不是時間到了才還錢，而是過程中就要定期還款，還利息負擔不重，但是加上本金負擔就重了。而且別忘了，我們手上的現金與實際購買力也持續被通膨啃食，生活成本會上升，你本來以為夠用的生活費會不夠用。

❷ 人性。

如果你申請的並非是有特定用途的就學貸款或房屋貸款，而是直接現金入袋的個人信用貸款，不只利

率較高，現金很容易被你花掉，這件事也更考驗投資人的理財紀律。若是將信貸拿去吃喝玩樂，還不起之後又變成支付循環利率。資金成本很快地就會節節攀升，陷入以債養債的地獄。我有個朋友是日式酒店的媽媽桑，她告訴我，當年把她逼入六條通求職的原因，就是因為她欠了現金卡債 80 萬元。在百貨公司工作的她，每月薪水拿來付利息都不夠。後來因為還不起，她成為債務逃兵。近二十年過去了，你猜她的債務變成多少錢？天哪，超過 2,000 萬元！不要忘記，沒還的債也在以「複利」計算成長。

❸ 投資選擇。

就算知道應該善用資金，透過投資買入資產，但是因為債務而感到壓力的人這時會陷入一個兩難：應該買進並長期持有資產，還是短線操作，快速變現？

如果選擇前者，在可見的未來，你會為了這筆借貸負擔額外利息，但如果想靠快速投資還錢：你要如何保證，每一次短線投資都一定有獲利？

我們都知道，當有人告訴你「保證獲利」，那麼詐騙的可能性居高。反之也是如此，如果借貸的基礎是來自於「保證投資績效」，那麼就是騙子在騙你，而你也在欺騙你自己。人類在投資上常是初生之犢不畏虎，簡單來說就是過度自信，總會高估自己的投資績效與還款能力。當投資人借入現金作為短期投資，又沒有穩定現金流可以支應還款，就代表將還款能力與投資績效用手銬銬在一起。如果市場進入短期空頭，最壞的可能就是必須認賠殺出，挪現金來還款，等同彈藥不斷流失。萬一從事的是高風險或高槓桿的投資被斷頭了，最後連翻本的能力都失去，只剩下須定期還款的債務。

　　應該說，你應該要懂得區分「好債務」與「壞債務」的差別。好債成本低，而且能夠幫助你累積資產，成為未來現金流的基礎；壞債成本高，無法累積資產，會造成現金持續流出，還可能迫使工作者必須不擇手段才能還債及支付生活所需。

　　為什麼學貸應該算是好債？因為學貸普遍利率不

到 1%，而且寬限期長，換來的是學歷與技能，這些都是在職場上不可或缺的。（不過，也因國家而異，我有朋友念完美國知名大學，出校門就負債 50 萬美元。天哪，他現年四十八歲了，還沒還完！）

那麼房貸是好債嗎？在政府支持年輕人買房的政策，再加上政府維持低利率環境，首購族利率仍在 1.6% 以下，看起來符合好債的水準。但可得考慮：看未來加息的週期！萬一，一年加三次，利率變成 2.5% 或以上，請問你還付得起嗎？請估量荷包深度。上一本《人生實用商學院：誰偷了你的錢？》裡說過的，不要買你負擔不起的房了，也不要買賣不出去的郊區夢幻房子。為什麼？因為前者會讓你在升息時必須棄屋而逃，後者你想賣掉時只怕久久無法脫手！

你要擁有在「世界末日」前撐半年的現金流

什麼是企業的命脈？答案是現金流。而對個人而

言，你的尊嚴在於你有沒有足夠的生活費。有債務可能是因為因應低利時代所採取的理財手段，最重要的是請在借錢之前先估量你如何還？會不會對經濟造成負擔（心理負擔肯定是有的，那也和能否支付的預期相關）？

　　注意現金流，並且量力而為，肯定是現代人需要的生存能力。地下錢莊不談，申請貸款前一定會得知每月還款金額。這時你要計算的，並不只是可以用這筆借來錢創造多少的價值，而是每個月你負擔得起這樣的利息嗎？

　　要注意，衡量時一定要做好最壞的打算。我不是說你不能樂觀，而是一定要設想到最壞的狀況，也就是有沒有可能突然失去部分收入，或有其它緊急支出？考量生活支出與貸款還款，你現有的現金能夠支撐多久的生活時間？你最少要預留半年生活所需的現金！如果有能力留十八個月生活的正常現金流更好。

　　為什麼？因為扣掉最基本生活費、利息，這個家庭能夠支付的貸款利息每年只有 27 萬元（本金遲

延繳付款），然而他們卻左支右絀買了個 2,000 萬房子，連頭期款都是借來的。當利息漲了之後，每年利息變成 33 萬元，等於一個月要多付 5 千元！一聽到加息可能持續進行，而雙薪家庭的先生又因疫情暫時失業，再加上妻子已懷孕報喜。這下子真的是驚喜、驚嚇分不清。做選擇前請衡量自己的還款能力。

我買第一間房子到現在，流年星移物換，不折不扣是三十幾年前。雖然當時買的房子並不是自己住的，我在臺北，我買的房子是在宜蘭的公寓，租給宜蘭醫院的醫生護士當宿舍。除了收租金，而且還賺了房價，兩年我就賣掉了。我買的價格根本不到 100 萬（有 40 坪喔很驚訝吧，從這個價格你就可以感覺到通膨的壓力），當時是十多年的中古屋。賣掉的時候竟然賺了超過一倍！

這是個美好的經驗，讓我在二十五歲時人生就有了第一桶金。從此自己感覺不會餓死，所以放心當個文青。不過之後並不是每一次換房都很順利，我還曾經買過墳墓旁邊的房子（說真的一個人如果心態偏

激，或當時相當鬱悶，依照吸引力法則肯定買不到好房），賠了一半。一直到二十年前我才買到真正適合自己住的房子，也就是我現在住的老公寓，非常安靜。因為人畜均安也就沒有捨得搬，我一點也不羨慕別人住在豪宅裡。

談到我的首購，雖然已經很久很久以前，可是我想要說的還是肺腑之言：

❶ 你從我的經驗就知道通膨跟房子漲價多可怕。雖然因為少子化，未必未來幾十年會一直漲下去，可是少子化對房價的影響並不是一下子來的，它是慢慢來的！而且還有一些變因。從過去幾十年到未來十年內，你的薪水漲幅絕對追不上房子的漲幅是事實！

❷ 如果你想要由租轉買，千萬不要只是因為最近房價在漲，每月付的貸款一定要控制在家庭或個人總收入的三分之一（有富爸爸的不在此限）。

❸ 如果你跟年輕時的我一樣沒有經濟背景，又很知道有房子會比較有安全感，那就先求有再求

好。老房子也有老房子的好處（坪數比較大，均價便宜），發揮一下自己的創意裝修房子也很省錢。那些想要買完美的房子的人，多少年來都是眼高手低，非常悵然。

❹ 每個人喜歡的不一樣，我們要買的是自己住得安心的房子，而不是可以炫耀的房子！先考慮首要條件，例如安靜對我才是第一重要，還有我並不真的喜歡出門一定要跟管理員打招呼，雖然老公寓可能要出來追垃圾車，但是，久了也習慣了。（有一好沒兩好，請問你自己你最介意的是什麼？）

❺ 如果你買預售屋，一定要注重品牌。未來蓋房子的工錢和原料有很大可能會逐年漲價，你應該不希望建商偷工減料或者是把房子蓋成爛尾樓吧？請注重品牌！不要只比價格，的確有些建築商不管怎麼蓋房子都很容易漏水喔！

我還有幾個建議：第一個建議則是，拜託儘量不要輕易的靠借錢來解決財務問題，或是讓自己陷入

「不得不借錢」的境地。在金融的世界裡有兩種人屬於借貸市場弱者：急需用錢的人，以及信用不佳的人，因為這兩種人取得資金的成本最高。更可怕的是，當你陷入「以債養債」的地獄時，就會持續推升取得資金的成本。循環利率很可怕，可能高達 20%，至於地下錢莊一年變好幾倍也不算什麼。

第二個建議，如果能向銀行借錢，就不要輕易向家人與朋友開口借錢，這可能讓你同時也賠了親情與友情。

如果你想要「債信評等」良好，就要與銀行維持良好的互動。貸款、卡費準時還；與其他人借錢，就算人家沒跟你要利息你也要主動加上，這也關係著你將來是否「再借不難」。但不論是否順利還款，輕易開口相借都會給人一種這人怎麼常常「陷入困難」的印象。除非必要，應該避免向家人或朋友借錢。畢竟一開口就有傷信用。

敢借錢，就要有還錢的本領，而不是仰賴投資獲利才能還債，沒獲利怎麼辦？難道可以賴皮嗎？有了

這樣的底氣，自然就能享受在大通膨時代下，「借錢即賺錢」的紅利。如果沒有，請從好好踏實生活開始做起，沒有負債也沒有任何心理壓力！

鍊 金 筆 記

房貸真的會使你備感壓力？我們會自然而然感覺到壓力，以及焦慮。但是壓力到底是什麼東西來著？我們來看看壓力的正面意義：

一、它是一種提醒，讓你更警覺地面對問題，提升自己，並且解決問題。

二、承受壓力的感覺，是你應變外在事件所產生的心理狀況。

三、焦慮則是你對於壓力的來臨所產生的顧慮和恐懼。

當你了解它們的定義，你就能更平穩地面對壓力和焦慮。

04.

短沖瞎賣，不如存好股在手

　　我在日本和大陸、越南等地參與過房地產租賃公司的投資，「看房子有沒有升值潛力」也是我自以為是的專長。不過經過這次疫情，我的理財思維有了相當大的改變。原因其實複雜，但這兩年變數最多：比如，某些地區忽然修改法令，明明可以買，卻變成有社保才能購買；已經購買的，就得安靜等個一兩年無法交屋。某些客戶因為疫情之故結束合約，空屋狀況變得頻繁。還有緬甸發生政變，我們公司有幾間入手價格漂亮的豪宅，命運變成懸而未決。馬來西亞辦公室租方要求租金七折，當然只能同意。日本的韓籍租客一聲不說連夜逃跑，這些都是投資之初想不到的意外（族繁不及備載）。一方面是疫情對於管理不動產

上帶來的不便，另一方面我也希望找到更理想的理財方法。存股就是我覺得很值得一試，也很適合「不想太忙」的人的投資方法。

當然我在此要強調的是，我沒有要把全部資金兌現來存股，只是調整比重，畢竟不動產在疫情後的升值潛力也不容小覷。

為什麼存股會讓人安心？一來不太需要管理瑣事。二來 ETF 意謂著多家企業股票的組合，一家公司可能會出問題，但是一次幾十家公司出問題，這機率肯定小很多（除非是整個市場消失）。三來 ETF 在選股上有一定的邏輯，也相對客觀，只要你認同這個邏輯，比如選擇「高股息」還是「高成長」？「電動車」還是「半導體」？「越南」還是「大中華區」？接下來要做的就是定期或是定額的投入，也真的不麻煩，「記得」在手機和電腦上設定操作即可。

自從財富自由成為許多人努力的目標，並不是所有「被動收入」都能讓你安心。某位同輩遠親，大我也不到十歲。從鴻源集團到現在，幾十年了，幾乎每

一個只要跟「高息」（請看清楚這個關鍵字）有關的詐騙案，她都是其中一隻老鼠，無役不與。

她想要的就是我們所謂的被動財，希望可以利滾利，高枕無憂地生活。幾十年來聽她講述，前後大概跳入五次陷阱，如果連高利息的倒會案也加上去可能會更多。此類人個性的特色就是喜歡聽甜言蜜語，人家對他好他就恨不得立馬把錢奉上，這種個性可以從走入昂貴的服裝店，明明那些衣服日常生活都用不上，但是卻可以一次花幾萬元，看得出來她喜歡的是那種豪爽感，喜歡別人吹捧，用「老子花錢大方」來證明自己不凡。

最近這一次，是幾年前的某個案子，某集團請她投資拍影片（不好意思，項目內容為了避免對號入座有些更改），允諾每 100 萬元，每一季都會給她 16 萬元的分潤。

當然是被騙了。最嚴重的是她跟以前一樣，第一次領到利息就請親朋好友一起加入眾樂樂。

「我不是曾經跟你說，只要年利率保證超過的數

目高於定存利息兩倍，而且請你把錢交給他，基本上就是詐騙無誤嗎？」那時候定存利息是 1%。「人家答應給你的利息是 64% 呢！這不是詐騙什麼是詐騙？」她反駁我說：「可是 64% 不是 1% 的兩倍呀！」我無言，非常無言。基本上這應該不是數學大小無法判斷的問題，而是「利」令智昏了。

很多人以為買房一定賺比較多，當年還是理財小白的我也是這樣覺得，但其實不然。我曾經聽一位太太說，「妳知道高雄房子漲多兇嗎？我爸以前把老家用 800 萬元賣掉，現在人家開價 2,000 萬元在賣！」

「那是幾年前？」我問。

「我小時候，大概四十年吧。」她說。

「那漲得不多呀！」我說，聽到我的回答，她很納悶的看著我。

其實四十年前的房子從原本 800 萬元翻倍漲到 2,000 萬元，年化報酬率一年只賺 30 萬元，也就是 3.75% 左右（如果空置，不算入租金報酬）。如果當時也有高股息 ETF，每年分你 5%，而且你把 5% 投

入繼續買股息 ETF 的話，你猜四十年後會有多少錢？答案最少是 800 萬的 7 倍，超過 5,600 萬元。其實你也不必一開始就有 800 萬，如果每年將 100 萬投入 5% 收益產品，又將拿到利息加入投資，那麼你在四十年後擁有的是 100 萬元的 120 倍左右，等於 1.2 億！看了這個，你還會覺得房子很賺錢嗎？這個例子告訴我們，不管投資標的是什麼，時間與複利其實才是創造獲利的關鍵。

表一 投資複利計算表（第一年初投資 1 元的未來價值）

年	1%	2%	3%	4%	5%	6%	7%	8%	9%	10%	13%	15%
1	1.01	1.02	1.03	1.04	1.05	1.06	1.07	1.08	1.09	1.10	1.13	1.15
2	1.02	1.04	1.06	1.08	1.10	1.12	1.15	1.17	1.19	1.21	1.28	1.32
3	1.03	1.06	1.09	1.12	1.16	1.19	1.23	1.26	1.30	1.33	1.44	1.52
4	1.04	1.08	1.13	1.17	1.22	1.26	1.31	1.36	1.41	1.46	1.63	1.75
5	1.05	1.10	1.16	1.22	1.28	1.34	1.40	1.47	1.54	1.61	1.84	2.01
6	1.06	1.13	1.19	1.27	1.34	1.42	1.50	1.59	1.68	1.77	2.08	2.31
7	1.07	1.15	1.23	1.32	1.41	1.50	1.61	1.71	1.83	1.95	2.35	2.66
8	1.08	1.17	1.27	1.37	1.48	1.59	1.72	1.85	1.99	2.14	2.66	3.06
9	1.09	1.20	1.30	1.42	1.55	1.69	1.84	2.00	2.17	2.36	3.00	3.52
10	1.10	1.22	1.34	1.48	1.63	1.79	1.97	2.16	2.37	2.59	3.40	4.05
11	1.12	1.24	1.38	1.54	1.71	1.90	2.11	2.33	2.58	2.85	3.84	4.65
12	1.13	1.27	1.43	1.60	1.80	2.01	2.25	2.52	2.81	3.14	4.34	5.35
13	1.14	1.29	1.47	1.67	1.89	2.13	2.41	2.72	3.07	3.45	4.90	6.15
14	1.15	1.32	1.51	1.73	1.98	2.26	2.58	2.94	3.34	3.80	5.54	7.08
15	1.16	1.35	1.56	1.80	2.08	2.40	2.76	3.17	3.64	4.18	6.25	8.14
16	1.17	1.37	1.60	1.87	2.18	2.54	2.95	3.43	3.97	4.60	7.07	9.36
17	1.18	1.40	1.65	1.95	2.29	2.69	3.16	3.70	4.33	5.05	7.99	10.76
18	1.20	1.43	1.70	2.03	2.41	2.85	3.38	4.00	4.72	5.56	9.02	12.38
19	1.21	1.46	1.75	2.11	2.53	3.03	3.62	4.32	5.14	6.12	10.20	14.23

20	1.22	1.49	1.81	2.19	2.65	3.21	3.87	4.67	5.60	6.73	11.52	16.37
21	1.23	1.52	1.86	2.28	2.79	3.40	4.14	5.03	6.11	7.40	13.02	18.82
22	1.24	1.55	1.92	2.37	2.93	3.60	4.43	5.44	6.66	8.14	14.71	21.65
23	1.26	1.58	1.97	2.46	3.07	3.82	4.74	5.87	7.26	8.95	16.63	24.89
24	1.27	1.61	2.03	2.56	3.23	4.05	5.07	6.34	7.91	9.85	18.79	28.63
25	1.28	1.64	2.09	2.67	3.39	4.29	5.43	6.86	8.62	10.83	21.23	32.92
26	1.30	1.67	2.16	2.77	3.56	4.55	5.81	7.40	9.40	11.92	23.99	37.86
27	1.31	1.71	2.22	2.88	3.73	4.82	6.21	7.99	10.25	13.11	27.11	43.54
28	1.32	1.74	2.29	3.00	3.92	5.11	6.65	8.63	11.17	14.42	30.63	50.07
29	1.33	1.78	2.36	3.12	4.12	5.42	7.11	9.32	12.17	15.86	34.62	57.58
30	1.35	1.81	2.43	3.24	4.32	5.74	7.61	10.06	13.27	17.45	39.12	66.21
31	1.36	1.85	2.50	3.37	4.54	6.09	8.15	10.87	14.46	19.19	44.20	76.14
32	1.37	1.88	2.58	3.51	4.76	6.45	8.72	11.74	15.76	21.11	49.95	87.57
33	1.39	1.92	2.65	3.65	5.00	6.84	9.33	12.68	17.18	23.23	65.44	100.70
34	1.40	1.96	2.73	3.79	5.25	7.25	9.98	13.69	18.73	25.55	63.78	115.81
35	1.42	2.00	2.81	3.95	5.52	7.69	10.68	14.79	20.41	28.10	72.07	133.18
36	1.43	2.04	2.90	4.10	5.79	8.15	11.42	15.97	22.25	30.91	81.44	153.15
37	1.45	2.08	2.99	4.27	6.08	8.64	12.22	17.25	24.25	34.00	92.02	176.13
38	1.46	2.12	3.07	4.44	6.39	9.15	13.08	18.63	26.44	37.40	103.99	202.54
39	1.47	2.16	3.17	4.62	6.70	9.70	14.00	20.12	28.82	41.15	117.51	232.93
40	1.49	2.21	3.26	4.80	7.04	10.29	14.97	21.73	31.41	45.26	132.78	267.86

表二 投資複利計算表（每年投資 1 元，收益再投資的未來價值）

年	5%	6%	7%	8%	9%	10%	11%	12%	13%	14%	15%
1	1.00	1.00	1.00	1.00	1.00	1.00	1.00	1.00	1.00	1.00	1.00
2	2.05	2.06	2.07	2.08	2.09	2.10	2.11	2.12	2.13	2.14	2.15
3	3.15	3.18	3.22	3.25	3.28	3.31	3.34	3.37	3.41	3.44	3.47
4	4.31	4.37	4.44	4.50	4.57	4.64	4.71	4.78	4.85	4.92	4.99
5	5.53	5.64	5.75	5.87	5.99	6.10	6.23	6.35	6.48	6.61	6.74
6	6.80	6.98	7.15	7.33	7.52	7.71	7.91	8.11	8.32	8.54	8.75
7	8.14	8.39	8.65	8.92	9.20	9.49	9.78	10.09	10.41	10.73	11.07
8	9.55	9.90	10.26	10.64	11.03	11.43	11.86	12.30	12.76	13.23	13.73
9	11.03	11.49	11.98	12.49	13.02	13.58	14.16	14.77	15.42	16.09	16.78
10	12.58	13.18	13.82	14.49	15.19	15.94	16.72	17.55	18.42	19.34	20.30
11	14.21	14.97	15.78	16.65	17.56	18.53	19.56	20.66	21.81	23.05	24.35
12	15.92	16.87	17.89	18.98	20.14	21.38	22.71	24.13	25.65	27.27	29.00
13	17.71	18.88	20.14	21.50	22.95	24.52	26.21	28.03	29.99	32.09	34.35
14	19.60	21.02	22.55	24.22	26.02	27.98	30.10	32.39	34.88	37.58	40.51
15	21.58	23.27	25.13	27.15	29.36	31.77	34.41	37.28	40.42	43.84	47.58
16	23.66	25.67	27.89	30.32	33.00	35.95	39.19	42.75	46.67	50.98	55.72
17	25.84	28.21	30.84	33.75	36.97	40.55	44.50	48.88	53.74	59.12	65.08
18	28.13	30.90	34.00	37.45	41.30	45.60	50.40	55.75	61.73	68.39	75.84
19	30.54	33.76	37.38	41.45	46.02	51.16	56.94	63.44	70.75	78.97	88.21

20	33.07	36.78	41.00	45.76	51.16	57.27	64.20	72.05	80.95	91.03	102.44
21	35.72	39.99	44.87	50.42	56.77	64.00	72.27	81.70	92.47	104.77	118.81
22	38.51	43.39	49.01	55.46	62.87	71.40	81.21	92.50	105.49	120.44	137.63
23	41.43	47.00	53.44	60.89	69.53	79.54	91.15	104.60	120.21	138.30	159.28
24	44.50	50.82	58.18	66.77	76.79	88.50	102.17	118.16	136.83	158.66	184.17
25	47.73	54.86	63.25	73.10	84.70	98.35	114.41	133.33	155.62	181.87	212.79
26	51.11	59.16	68.88	79.95	93.32	109.18	128.00	150.33	176.85	208.33	245.71
27	54.67	63.71	74.48	87.35	102.72	121.10	143.08	169.37	200.84	238.50	283.57
28	58.40	68.53	80.70	95.34	112.97	134.21	159.82	190.70	227.95	272.89	327.10
29	62.32	73.64	87.35	103.97	124.14	148.63	178.40	214.58	258.58	312.09	377.17
30	66.44	79.06	94.46	113.28	136.31	164.49	199.02	241.33	292.20	356.79	434.75
31	70.76	84.80	102.07	123.35	149.58	181.94	221.91	271.29	332.32	407.74	500.96
32	75.30	90.89	110.22	134.21	164.04	201.14	247.32	304.85	376.52	465.82	577.10
33	80.06	97.34	118.93	145.95	179.80	222.25	275.53	342.43	426.42	532.04	664.67
34	85.07	104.18	128.26	158.63	196.98	245.48	306.84	384.52	482.90	607.52	765.37
35	90.32	111.44	138.24	172.32	215.71	271.02	341.59	431.66	546.68	693.57	881.17
36	95.84	119.12	148.91	187.10	236.13	299.13	380.16	484.46	618.75	791.67	1014.35
37	101.36	127.27	160.34	203.07	258.38	330.04	422.98	543.60	700.19	903.51	1167.50
38	107.71	135.90	172.56	220.32	282.63	364.04	470.51	609.83	792.21	1031.00	1343.62
39	114.10	145.06	185.64	238.94	309.07	401.45	523.27	684.01	896.20	1176.34	1546.17
40	120.80	154.76	199.64	259.06	337.88	442.59	581.83	767.09	1013.70	1342.03	1779.09

存股需要的是過程中的決心與紀律。以臺股的0056 ETF來算的話，近五年每股價格的區間大概在25到35元之間，我們就用30元來算吧！每股30元，代表一張0056價值3萬元，股利殖利率平均大概5%多（我們用5%整數來算，免得大家頭昏眼花）。

　　如果你老了之後想要每年拿到60萬元的被動收入來生活（當然我並不確定，算入未來的通膨，60萬元到底能不能讓你活得好吃得飽），那麼，以每一張股票每年可以貢獻你1,500元現金而言，你大概需要400張0056。

　　怎麼樣買到400張0056呢？感覺上是天文數字很困難，但是400張如果以固定價格30元來說，基本上也是1,200萬元就夠了，事實上現在1,200萬元在臺北連蛋白區新蓋的小套房都買不到啊！

　　存400張難不難呢？對死薪水族而言的確挺難。可是如果你有辦法多創造一點收入，省一點錢，在比較年輕的時候就開始投資，例如一年存10張，四十年也可以存到400張！甚至有人手上有2間房子，賣

掉 1 間就可以換不只 400 張！

到你六十歲的時候肯定有這些股票兒子養你，而你在存股的過程之中會獲得經濟上的安全感，完全不必在股市裡面殺進殺出、費盡心機，然後發現自己十年來沒賺沒賠已經算幸運的了，不是嗎？不過以上講的就是一個簡單的概念，當然世界局勢瞬息萬變，變數並不是我們全部想得到的。

對收入不多的人聽起來好像有些遙不可及，但這是固定每個月存，至少不是糖衣毒藥。未來你的收入隨著經驗累積增加，你能買的張數也會變多。再者，現在大多數房地產都超過這個價格，如果買不起房，先存股反而會後來居上。買房地產你要準備一大筆的頭期款，ETF 你可以慢慢存，相對友善。

如果你沒辦法一年買 10 張，或存 30 萬，那我們務實一點，用定期定額投資零股的方式買進。不要用你的腦來提醒，這種細節讓電腦來處理就好。我發現只要一個人手上有個 20 張左右，對於自己理財的自信心，會是大大增強。

不過存股族有一件事情一定要記著，不能因為股息是被動收入，就被當成獎金隨意消費。你拿到的都要持續投入市場，才有長期複利效果。

也許你會說「這不是很理所當然嗎？」其實不然，行為心理學裡「心理帳戶」概念告訴我們，愈辛苦賺到的錢，就愈不容易花；相反的，如果是不勞而獲的收入，例如刮刮樂中獎，你很輕易的就會選擇消費掉（反正是意外的收入），股息也是。

臺灣人都很喜歡「配息」，為什麼？因為感覺就是不勞而獲啊！請仔細看看前二張「複利計算表」，如果你把利息都花掉，1 元永遠是 1 元，請問那令人致富的「複利作用」到哪裡睡覺去？

面對股市，想像力不要太豐富

疫情也影響很多人的理財規劃，疫情後臺股大漲，熱門股從半導體、生技股到航運股一波輪過一波，年輕人認為股市好賺錢，紛紛開戶也勇於當「當

沖族」，卻也變成疫情時期臺股不可忽視的現象。

疫情到現在兩年多了，沖來沖去的人真正賺到錢的有多少？就算得意了一、二年，也會在 2022 年黑暗五月這一段時間賠得差不多，大概只有買 ETF 零股存股的人，就算手上持有的還低於成本，但好歹算是薄有資產。

什麼樣的人最容易破財？不是不懂理財的人，而是急著賺錢的人。因為急著賺錢的人，就會想要走捷徑，就算有存股概念，也會因為市場被堆高，身邊人人在賺錢而讓想像力大爆發。結果每一檔都買在高點，只要遇到急需用錢的原因，例如繳信用卡費，就會被迫在大跌時不得不把股票賣出。

說真的，我曾經也是一個投機者，老想超越大盤而且執迷不悟多年。雖然沒有虧什麼錢，但是到頭來發現機關算盡太聰明。0056 是在 2008 年初就上市的，如果在十四年前拿 100 萬元傻傻買 0056，然後每年再投入 100 萬元（我每年真可以省下這些，真的），你猜我手上的 0056 會等於多少現金？

參照「複利計算表」，大概是 100 萬元的 20 倍，也就是 2,000 萬元。如果我一直執行到 2038 年呢？（希望這一年我不會因為老人失智而算不清），那就是 6,600 萬元喔（成本為三十年共 3,000 萬元）！如果我當時拿的是 1,000 萬投資呢？

　　在市場上沖下洗時，還不如當一個理財傻瓜，定期定額選定較大型的 ETF，用 72 法則可能十幾年來穩穩翻一倍，也為自己退休生活有一個保障。

　　如果你覺得我的提議太無聊，那你可以自己做實驗，把 80% 放在穩健的 ETF，然後再把 20% 放在個股去沖，過了三年再來比較兩個帳戶的結果（請不要混在同一個帳戶）。我相信一定還是有人可以靠當沖個股在市場生存，但是這些人還真是百中挑一。通常我遇到的，都有著只「記取成功，忘記失敗」的樂觀特性！面對股市的想像力，留在紙上就好，在現實戰場中只會影響你的判斷力。

🔘 賺錢的時候要贖回嗎？

雖然說要持續買入並持有，但如果你是存股族，你可能會遇到這樣的難題：看到股價高到一個讓你驚訝到合不攏嘴，該不該出場，入袋為安？還是應該繼續堅持買進並持有？

想在賺錢時不入袋為安，也是挑戰人性的。如果你很幸運的，手中股票持有成本較低，常常會有先將價差賺到手的心態，這是個是很常見的交易心態。

事實上，就連指數化投資之父約翰・伯格，也曾在接受美國知名財經雜誌採訪時表示不看好 2019 年的市場行情，希望投資人將生活所需要的現金從股市中提出來做準備。現在很容易看清他到底是對是錯，證明市場真的沒照他的意思走。

市場並不會按照權威專家的預言前進，他們和隨自由意志進出股市者，猜錯趨勢的機率一樣高。你賣出獲利時，真的會是明智的嗎？在天下文化出版的《致富心態》一書中，摩根・豪瑟分享了這個實驗。

他說：試想一下，假設你從 1900 年至 2019 年每個月都省下 1 美元，會發生什麼事？這裡有三個投資人。

第❶個叫做蘇，每個月都很規律的把一美元投入美國股市裡，無論景氣好壞。就算經濟學家大聲疾呼經濟衰退逼近，或是新的空頭市場即將來襲，她都聞風不動，依舊非常有規律的投資。

第❷個叫做吉姆，他是一個很了解經濟是否會衰退，擅長躲避災難的人。他在經濟還沒有步入衰退的期間，每月投資一美元到股市，在經濟衰退的時候就賣光所有持股，然後每個月都省下那一元現金，等到經濟看起來復甦了，再把所有資金投入股市。

第❸個叫湯姆，他也是在經濟狀況還 OK 的時候每個月投資 1 美元，但和一般人一樣，會在經濟衰退幾個月後嚇得退出市場，賣光持股，然後花了一段時間（用六個月計算）才拾回信心，重返股市，重新開始他的規律投資。

隨著時間過去，這三位投資人最後誰會最有錢？答案是：蘇最後有 435,551 美元。吉姆有 257,386 美

元。湯姆有 234,476 美元。蘇大獲全勝。

　　為什麼？以美國股市而言，向上的機率近 8 成。臺灣也差不多。 1900 年至 2019 年間的 1,428 個月中，只有 300 多個月處於衰退期，占整體時間的 22％。所以，看起來比較笨的蘇在衰退期的期間保持冷靜，仍然堅持紀律（原理很簡單，如果你注重長期效益，那麼在低檔的時候進場，不是可以用同樣的錢買更多的股數嗎？），結果她的獲利績效比較有市場感的吉姆或湯姆幾乎高出 75％。後面這兩位會適時退出的人，利滾利績效其實也差不多！

　　證明長期來說你不會真的比大盤指數聰明。

　　具體來說，你不如只要選好一種大型 ETF，持續買進並且持有。萬一要將部份資金從股市抽出，也不妨轉換為有收益的資產，比如：有收益型不動產（但是這其中詐術很多，千萬小心！），來擴大自己的投資組合。「我有投資型存款」的安全感很重要，有穩定的投資方式，你會精神愉快自信飽滿，不需要為錢憂慮，你才會有力氣去做更多想做的事。

鍊 金 筆 記

如果你沒有正確的理財觀念，也不注重長期效益，又沒有被動收入。

不管你現在賺多少錢，你永遠非常辛苦的在跟時間賽跑，科技醫療所帶來的長壽，對人類可能不是一種祝福。

05.

理財黑歷史教我的
四堂課

　　中年之後才痛定思痛學理財，來得及嗎？我當然
會說：來得及！但是請你別再投機，別相信運氣。對
於理財，我其實是很後知後覺的人。一開始就打算做
文青的人都是浪漫的，很怕繁瑣的事情，也很怕錢
這回事（但不是討厭錢喔，花錢時總是暢快的，這兩
件事情應該分開）。我吃了很多虧，到了四十歲才醒
過來。

　　來細數我的理財黑歷史好了。

第一課：自己的理財自己管

　　因為從小叛逆，選的不是爸媽喜歡的科系。高中

一畢業就必須當家教，才有生活費念大學（當時的臺大幾乎不用學費，只要身上有 1,000 元就可以去註冊）我很早就知道要靠自己才有飯吃，但是並不知道如何理財。

當時打工的機會很有限，沒那麼多兼差需求，而我也無法勝任工地類型的工作。還好臺大學生很好找家教，我還能斜槓賺稿費。我大四時就出書了，雖然當時一本書的版稅只有 5 萬元。二十四歲出社會工作，省吃儉用搭公車上班，我把每個月的薪水和稿費，幾乎都存下來。

想不到我本來是個「好好小姐」吧？當同事開口跟我借錢去買車，或是說他股票虧損，請我借錢給他去扳回一城。臉皮很薄的我雖然覺得怪怪的，但都因不好意思拒絕而答應。結果卻是從來沒有人還過我。

當我面帶羞澀的去問「請問你何時可以還我錢？」的時候，至少有兩次我得到這樣的答案：「妳怎麼這麼小心眼？沒多久就來要我還？」「我沒有寫借據給妳吧？我以為妳是要贊助我的。」

當時的同事、上司、朋友或親戚，不管跟我借多少錢，都沒有人還（比例高達百分之百）！事後我深自「反省」，後來誰跟我借，我都說不！而且我有一妙招：「我可以幫你介紹專門辦貸款的銀行朋友，因為歷史上沒有人還過我錢，而且後來連朋友都當不成。我不想失去你這個朋友，這錢還是不借得好！」

　　三十歲那年，在我當了八年不暢銷作家後，我終於登上「暢銷作家」之梯。那年版稅收入超過千萬（那是出版的黃金時代，好漢不提當年勇），事實上前一年我還因為稿費未滿 18 萬的課稅門檻，領到退稅 4,000 元，真是驚喜過望！窮文青從來沒想過寫字會賺那麼多錢，這也算是夢想生利息吧？不過事實上，四十歲以前的錢幾乎沒有留下來（只買了一間自己住的小房子）。

　　為什麼？我怕理錢的結果就是：當我有一筆錢的時候，我只想到要交給誰處理？而不是自己處理！

　　剛開始是母親幫我處理。但是我發現，母親受不了保險業務員的殷勤款待，會在我完全不知情的狀況

下，拿去買保險（受益人竟然是八竿子打不著的親戚，真慶幸我並沒有因此被謀殺），或借給親友。

後來我決定要自主理財。當時和一位同學的律師太太很熟，她看起來精明能幹，說可以幫我報稅和理財。不久後我想買一間小辦公室，竟發現帳目非常不清楚，明明我要用我的錢買房子，她竟然拿不出來。追問之下，我拿到了「最後一本存摺」，裡面的錢大概只有不到我這些年賺的三分之一。之前的存摺她都不肯交出來，也無從追索。

再強調一次，過去種種皆為沉沒成本，追悔無益。總而言之，理財的第一步驟，就是自己掌管自己的錢，理清自己的帳目！

⊙ 第二課：投資交給專家？交給自己最踏實

你也許會覺得，總會有專家比較會投資吧？不把錢交給他們管，但由他們幫忙投資不好嗎？讓我告訴

你我另外幾位朋友的故事。

第一位朋友，是我二十五歲當記者時坐在我隔壁的同事。當時我對於財經知識一無所悉，而他是一位財經記者。當時股市大熱，他認識很多的主力大戶、股市老師還有股友社，意氣風發賺了很多錢。但好景不常，1988 年發生了郭婉容課徵證所稅事件（這是五年級同學一出社會不久最大的經濟風暴，還好我們當時都不是很有錢）。有一天他看起來非常沮喪，我問他怎麼了？

股票連跌 18 支停板，而他又是借錢來買的。「比妳能夠想像的還淒慘！」我毫無概念的腦袋想不到有什麼比這更慘。他說：「全部歸零了！」

「為什麼？」我驚訝地問。原來這位大報的財經記者，並不是自己在進行交易，他把所有的積蓄都託給他最信任的股友社，結果股友社跑路了。天哪！財經記者竟會把錢都交給別人處理？他不是有很多「內餡」嗎？（我每天都在聽他說著我不懂的「內餡」）

他說：「你看，我現在身上穿的還是十八歲時買

的那條工人褲，完全捨不得換，可是 350 萬元沒了！你知道嗎？我的內衣、內褲也都是破的，完全捨不得換新，可是⋯⋯」這話講得太悲涼了，我很同情他。

「妳前不久不是有買兩張股票嗎？」他說：「可不可以借我？」（我當時一頭霧水，借股票能幹什麼？）其實那兩張股票是我聽他的「內餡」買的。大概 18 萬吧？（我真的忘了是哪一支）也是我當時一年的稿費收入。我不清楚他要借我的股票做什麼，後來才知道那叫做「放空」。那時我真心想幫他度過難關，還真拿了股票借他。

一段時間之後，我打算從這間公司離職，我跟這位同事要回我的股票。他其實也算是個好人，他對我說：「我拿去放空了，那我還妳現在的價金好了。」我當時真的不懂什麼叫做放空，我想強調的是：很多人喜歡多空雙向操作，但是全世界最頂尖的投資家，像是安德烈・科斯托蘭尼，或巴菲特，都不贊成放空。就像科斯托蘭尼說的：「一檔股票最後可能上漲百分之一千，甚至是百分之一萬，但最多只能下跌百

分之百。」

回到我的同事，他只還了我 9 萬元現金。對於只剩一半我雖然深感疑惑，不過因為同事遭逢到很大的困難，我也就不好意思多問。為什麼我說他是好人？因為如果那時候他還我股票，而我又呆呆地抱著的話，那兩支股票後來變成了 10 塊錢以下的雞蛋水餃股我會損失更大。原來「專業人士」也會栽在很奇怪的地方，因為他竟然不相信自己會理財。

這樣的事情在我人生歷程中看過不少。有一位是主播朋友，另一位友人還是證券公司高管，這兩個人都曾經問我要不要跟他們參加同一個股友社？那位主播朋友後來宣告破產。

證券公司高管把他的房子抵押貸款全部交給他最信任的客戶（也就是在他們公司交易最久的那個高手），全部款項在一次黑天鵝中全部灰飛煙滅。他個性很好，願賭服輸，只是來告訴我說：「我應該聽妳的話才對，不該把錢交給別人，買台積電就好了不是嗎？」

為什麼後來人家叫我一起投資，我都假裝沒聽見呢？還是必須感謝那個拿我的股票去放空的財經記者朋友，我很早就看到了他的教訓。後來都沒有聯絡，希望他已從股災中「平身」。

👤 第三課：聽內線，不如不要投資

既然不要把錢交給別人投資，但「多知道一點」的人，總會贏得比較快吧？你如果是這樣想，大錯特錯。

九〇年代是臺灣股票的黃金年代，連帶投資的書也是賣得嚇嚇叫。當時賣得最好的幾本暢銷書，很不幸地，也是最「唬人」的暢銷書，而且我就是受害者之一。

雖說是受害者，但是也讓我學到寶貴一課：就是理財這條路，聽別人的不如聽自己的。會告訴你明牌的，除了廟裡的扶乩之外，應該都有某種目的！

當時我二十多歲，在某一家現在已經關門大吉，

但是當時數一數二的雜誌社當美食記者，就奉命採訪了這位當時有名的股票作手與暢銷書作家。他一邊吃著由五星級主廚為他特製的大餐，一邊接受採訪。採訪之後看到我這樣的窮記者，就說可以告訴我「明牌」。

不可否認，當下的我無比興奮，好想尖叫！

他告訴我某一檔股票，當時真的不知道這家的產品是什麼？甚至也不知道「股票」是什麼？但是我奉行知行合一，馬上用所有的積蓄買了兩張這檔股票。當時一張大概是 12 萬元（找薪水不過 3 萬元出頭，兩張也就等於我半年的薪水）。

但不知道為什麼（足見我有多淺薄無知），從我開始買之後就一路往下跌，過兩年就從 120,000 變成 12,000。

考考你們，這樣我賠了多少？

90％？不對！是 100％！

因為當時我不知道怎麼開戶，也懶得去開戶，就請當時一起租房子的室友幫忙開戶。她剛好在證券業

工作，我直接請她幫我買（記得第一課了嗎？），所以到後來我一毛錢也沒拿回來。後來她搬家，結婚了。而我也忘了，我們從此失去聯絡。

後來我還曾遇到這位股票高手。我完全沒有提起當年那件事，是我故意忘了。一方面是我知道他後來過得也不好，但另一方面，畢竟是自己耳根子軟，聽人家說什麼就買什麼，又不是被逼著買的，怎麼能怪別人呢？

再講一個例子。我還認識另一位「股市暢銷書作家」，二十多年前如果有投資經驗的人應該都聽過一個實驗：你把股票做成靶，並且找隻猴子射飛鏢選股，收益率其實跟專家操盤的結果差不多，甚至更好！這太有震撼力了，我們都比猴子聰明不是嗎？在九○年代就有一本暢銷書，以此為例鼓勵大家積極投入股市。

認識這位作者時，剛好我手上存有 250 萬元，我很猶豫要買永康街的小房子？（當時永康街中古屋每坪約 30 萬元），還是拿來投資？這位作者介紹了一

個「中小型股」基金，於是我就把所有的錢一股腦投入。想不到我當時買的就是高點，經過四年，最低曾經變成 100 萬元，至於我贖回的時候是 150 萬元。順道一提，目前永康街的房子平均每坪超過百萬元。

事實就是，牛市的時候誰說什麼都是對的，浪潮退去才知道誰在裸泳或者癱在沙灘上。

不過與其說「不要聽信別人」，我倒認為應該積極一點，而是建立自己的理財原則與思考體系，這樣你晚上才能睡得安穩。為什麼大家老講巴菲特聖明，因為他從不間斷地講原則，而不是斬釘截鐵報明牌給你。

⊕ 第四課：盡信書跟依靠半仙沒啥不同

吃了前面那些專家的虧，我心想，既然大師不可信，我決定自己做功課，相信從書中應該找得到答案。於是我買了一份非常暢銷的雜誌，某一期標題叫做「臺灣股市本益比最低的 100 大企業」，我就自己

去找「相對便宜」的好股票。

你知道嗎？學會一招半式就去江湖闖蕩的人，比什麼都不會的人更危險，因為少了自知之明。我記得當時拿了 100 萬元精挑細選，買了三家公司的股票，有的後來竟然下市了，過了一年剩下不到 30 萬元。財報和本益比，都是參考用的！

其實雜誌也沒有說謊，這些排名都有所本，但是這些數字和「讓你賺錢」未必相關，其實還有很多藏在細節裡的魔鬼。例如低本益比的股票，當然可能代表這家公司股價被低估（因為你用較低的股價，買到一家能賺到同樣獲利的公司），但就代表他是賺錢的公司嗎？這可不一定。

專業投資者還會去看題材、籌碼、技術，甚至把過去幾年的財報攤開仔細比較。其實專家自己也知道做完這些功課，還不能保證你一定獲利。更不用說你只靠雜誌跟理財書得到一知半解，就要在股海賺錢，甚至翻轉人生，這個聽起來確實不太靠譜。

這裡絕對不是教你別看書，去當射飛鏢的猴子或

到處聽人報明牌的三姑六婆，而是說你要從書中萃取那些禁得起考驗的原則。像是巴菲特還有查理‧芒格的書為什麼鮮少人挑戰，因為他不會告訴你很花俏的方法，或者是絕對能賺錢的技巧，而是大家都能聽得懂，也禁得起考驗的原則。並且用了一輩子在身體力行實踐自己的原則！

　　成功者被誇張，失敗者被遺忘，這就是財經勵志書的特色。不只鮮少有人願意記錄失敗者的歷史，也很少有失敗者願意回顧切膚之痛，並且分享給大家。當你看了許多成功者（先假定都是真的）的故事，記得想一想，用了同樣的方法，卻沉在冰山底下的人有多少呢？

鍊 金 筆 記

只要有一個人要你把錢交給他，讓他幫你理財，不管他有沒有答應給你利息，基本上你都不應該同意。

要自己面對啊！

不管是欠債，還是理財，你會發現真正安全的人是自己。

願意懂得面對，最後才能處理它、放下它。

第 **2** 篇

資產
存久必贏！有資產才能生存

Life Business School

06.

房價夠低再出手？人生夠長就別糾結！

　　「我要不要買房？」我常聽人這樣問。這真是個神仙也不能回答的問題。首先，你要買「自住房」還是「投資房」？還有，我怎麼知道你有多少資金呢？資金決定你可以做什麼樣的決策。想想：李嘉誠會為了要不要換新房而傷腦筋嗎？同樣的你也永遠不要從自己荷包深度，去度量房價的可能漲幅。

　　「你錢夠嗎？」是決定要不要思考買房問題的先決條件，請看看自己存款有多少。如果存款不到 200 萬元（在臺北市恐怕得提昇到 500 萬元），那我覺得你可以先翻到後面幾章。不然看這章會看得很心酸，資金不足時你應先進行自己的財務規劃與儲蓄，如果

你自認為存第一桶金的進度遠比你的預期落後，那還得重新檢視自己的理財行為。

連頭期款也沒有，又不可能有長輩垂憐？那判斷就太容易了。別買！先存錢，先存股！

所以那你在煩惱什麼呢？我先說結論，如果你有足夠的錢，那買自住房這件事情就不要太糾結，之前說過，應該先求有再求好，你買得起怎樣的房子，就買怎樣的房子，不要太為難自己。

如果你月薪 5 萬元，想買的房子卻是帝寶之類，那麼先要拉近的是理想與現實的距離。

薪水不低但多年來沒自住房，看著房價不斷上升的人，心中往往有一套完美標準，賦予房子期待值太高，希望同時滿足很多的需求。例如交通要夠便利、公設比不能太高、裝潢要好看、房價還要便宜。但請下凡看看現實，很多條件其實都是「想要」，而不是「必要」。

換句話說，如果你是抱持著追求完美的心態來買房，那我敢說，你是永遠買不到的。

求有再求好的好處是什麼？如果先有了小窩，至少表示你不會被房東加房租、被趕走。這種有隱私權的安心感，是你很難在租屋中取得，而隱私權和獨立感則很難在原生家庭中取得的。

　　還有房子的確能帶來財務的安心感。因為有房子的人很清楚，就算是最壞的狀態，還可以賣掉房子。賣掉之後清償貸款還有機會能留下一筆現金。再者，銀行也比較願意借錢給有房的人。退而求其次，就算拿房子去設定二胎貸款，利息也比個人消費型信用貸款低。簡而言之，有了房，你在財務上已經進可攻，退可守，在金錢上也比較不會狗急跳牆，這種財務穩定帶來的安心感是很重要的。

　　不知道你有沒有發現，許多財務決策錯誤背後，就是一個字：「急」。

　　急著想要有收入去支付房租和生活費，所以做兼差，甘願讓有限體力成為耗材。急著靠投資賺錢，就用融資操作高槓桿，怕被斷頭，又急去借高利貸，這些都是不當決策。再強調一次，個人財務規劃裡，

安心感很重要。

⊙ 用專案管理的角度來執行買房計畫

　　用專案管理的技巧來執行買房計畫，還有追求你的人生具體夢想，會化繁為簡。

　　推動一個專案，要有路徑圖。每個階段（包括所需時間與階段時間點）要完成哪些功能，一步一步地完成整個專案。在買房這件事情，如果你像我一樣不是含金湯匙出生也沒中過特獎，那也只能用換房的方式，一步一步換到我們想要的房子。總會比你一直等，等到存到足夠的錢的那一天踏實。你肯定不會存到足夠的錢，因為之前我們說過：房價漲幅還比通膨快，也比你的其他類型的資產快。

　　路徑圖的每一步，不能「時到時擔當」，時間到了再想，必須超前部署，把條件列清楚。看房之前，先擬定好願望清單，把房子一定要有的條件列出；而不是邊看房子，邊聽房仲推銷，邊想像這個是不是符

合我的需求。一言以蔽之,看房的是你,住在這間房子的也是你,應該要把主動權掌握在自己手上。別人講什麼請都當成推銷辭令。

在條件設定上別貪心,先設定當下人生階段的需求,前三名符合就夠。要不然,明明單身錢不夠,只能買個小房,你卻想到未來結婚會生兩個孩子,還有肯來照顧孩子的丈母娘。簡單一句話:想太遠,你就會變成「好高騖遠」。如果你真的深謀遠慮,頂多想個未來五年就夠了。如果是買當下自住房,就把那些「十年後會有捷運」的宣傳詞刪掉吧。買自住,重要的是方便,以及你願意住,不要把「會不會漲價」、「讓我致富」放進條件前三名。什麼都想要,神仙也會發笑。

ⓐ 升息再起,房貸族、租屋族怎麼辦?

雷聲大,結果雨點小?

還是雷聲小,後來雷聲愈來愈大,變成狂風暴雨?

兩者都有可能。

我們講的就是升息這道雷，到底有什麼影響？

在這裡，主要針對已經買下自住房的人來聊聊，你要有什麼樣的避雷針？

首先升息影響有多大？具體來說，臺灣只要升息1%，也就是四碼，一個手上有 1,200 萬房貸的人，每個月會增加約一萬元的支出！對於購買「過高房價」的朋友，這肯定是個大負擔！

圖一 央行大印鈔票，推升通膨，接著進入升息循環，收回市場通貨。而升息最直接的影響，就是有借貸的族群，會面臨利率調高的挑戰

我個人認為，雖然不會太快，但緩步前進到 1%是有可能的！美國調整利率的步調肯定是我們央行的行動指標，只不過我們不會次次跟進。畢竟通膨雖然高，實體經濟並沒有齊頭並進！

　　你會發現，不管是因為疫情還是因為物價上漲，很多行業還在水深火熱之中。所以央行總裁才會說：升息是個痛苦的決定！我個人是這麼想的（當然你也可以有不同的想法）

❶ 生活負擔預期增加

　　如果你們家年收入總計有 100 萬，面對房貸支出多出 12 到 24 萬（假設一般人貸款落在 1,200 到 2,400萬之間），肯定是筆不小的負擔。

　　如果是已經買了，我勸你能夠先不還本金就不還本金（因為通膨會吃掉錢的購買力，包括本金債務）。就像我們先前說的，20 年前的 100 萬 跟現在的 100 萬是完全不同的，你的債務當然也會貶值。

　　至於所謂的欠錢的壓力，有時候臉皮要厚一點。

至少先讓自己不要因為每個月要扛起本金加上貸款，
而活得生不如死。

❷ 不要期待房價下跌

看起來升息之後六都房產轉移的棟數減少了？房
價降了嗎？

如果你買的是自住房，而且你又沒有打算要換

圖二 臺股和房價大部分時間呈現正相關趨勢，但近一年房市較
為強勢

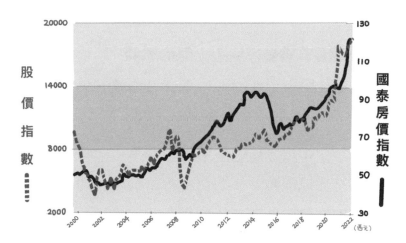

資料來源：臺灣證券交易所、內政部不動產資訊平台

屋，那這些漲漲跌跌就是紙上的數字，請你不要為這個憂心。唉！基本上只要通膨加劇，房價還真的不太可能一路往下跌。臺灣的房價的確有隱憂，但其實是少子化問題；不過這是長期的趨勢，並不會在短期馬上發生！

❸ 貸款比例不宜大於收入三分之一

還沒有買自住房的朋友，拜託未來貸款不要超過你年收入的三分之一，當然一個人要有自住房，這很重要，但請先求有再求好，只要不要買到鳥不生蛋的地方，或者渡假風景區（上班不能花太多時間，否則機會成本太高），舊一點沒關係！

❹ 租屋族請做好租金上漲的準備

這點是給租屋族的。如果升息繼續下去，利率只要多加 1%，房東平均會把房租調漲一成。並不是說你非買房子不可，這件事情絕對要量力而為，房價會大跌嗎？短期很難，長期也不會跌到所有的人都有錢住在帝寶！但這件事情恰恰提醒租屋族：如果你的收入並沒有跟著成長，你可支配所得會愈來愈少！

❺ 低利率時代不再

　　我個人覺得我們的升息並不可能太猛烈，可是多 1% 是絕對有可能的，那種 1.3% 的時代早就過去了……很可能會發生長期通膨，某些國家還繼續在印鈔票的狀況下不太可能再回來。

圖三 歷史告訴我們：央行升息期間（重貼現率與利率正相關），房價指數從未下跌過。所謂「重貼現率」，是指銀行以合格票據為擔保品，向央行融通短期資金所用的利率，是各國央行控制通貨的手段之一，因此與利率正相關

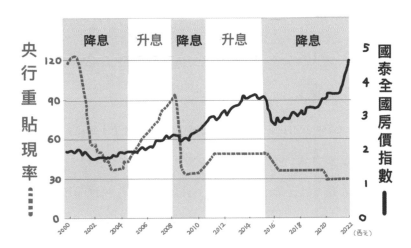

資料來源：內政部不動產資訊平台、中央銀行

❻ 臺灣房子不是用來炒的

　　我一向不想談到臺灣的投資房。因為我認為現在買賣利潤不多，法令也很嚴格。如果你口袋很深，那你高興怎樣都可以！很有錢的人買第 N 間房目前也都是為了抗通膨，因為投報率根本不到 1.5 %，很多甚至比定存利息還低！老話一句：臺灣的房子現在真的不是用來炒的。

👤 善用複利效果，讓時間站在你這邊

　　雖然我說買自住房不要太重視房價走勢（反正房價並不因你的重視而提高），但不可否認，房地產是仍現在公認抗通膨最有效的工具之一。

　　如果你手上有現金，也投資像是 ETF 這種可享受時間成長所帶來利潤的工具，那可能還好；但若持有一筆「買屋基金」，把現金晾在戶頭裡傻傻等待，遲遲不肯拿來買自住房，在這個通膨趨勢愈來愈顯著的時代，那就是眼看著現金貶值卻無所作為。

有了自住房，堅持紀律投資 ETF 並享受複利效果，財務果實會愈來愈豐碩。如果一切順利，那還能做一個「換屋專案」，收入若能逐年增加，未來換屋的籌碼與選項自然會比現在更好。那你就有資格跟下一個房子談戀愛。

⊖ 擁有房子的夢想是可以變形的

這是一個真實的案例。我有一位學弟，臺大地質系博士，開的是珠寶鑑定所，專業而且人緣好，日以繼夜非常努力的鑑定珠寶，開證書，他的目的就是想要擁有自己的鑑定工作室。照理說，他的收入不低，只請了一個員工，很多事都親力親為，除了必須要購買高等級的鑑定機器外，也應該存下不少錢。

有一天，我拿珠寶去鑑定的時候，他跟我說：「其實我的夢想就是擁有一間自己的辦公室，可是，我這間辦公室的房東就是不肯賣給我！」

我一聽就覺得這句話有問題。我告訴他：「如果

你租在這裡，而且表達你非常喜歡這間辦公室，那麼不會有房東願意便宜的賣給你喔！」如果你一定要買自己租的那一間，那麼肯定變成賣方市場，也就是賣方占有絕對優勢，這意謂著就算他多開一點價格，你也會買呀，除非他是個大善人！

果然是個讀書人，不了解商場法則，他這才恍然大悟。其實很容易解釋，如果天下女人那麼多，你偏偏要娶你指定的那一個，那麼她撒潑、耍賴、吃定你，你也沒話說呀！

「我跟房東講好多次了，他就是不肯賣給我，他說他不缺錢，他比較喜歡收房租。」

「所以你要一直等下去嗎？」我問他。

他顯得非常困惑。「我也搬不了家呀，我的客戶也習慣來這棟大樓找我……」

「你要不要換一種想法，多找一些追求對象如何？我的意思是，天涯何處無芳草，就算你喜歡的是這一棟大樓，你還是可以買別間呀？」

「買別間？搬家很麻煩呢。」

「沒有要你搬家呀！你可以租這一間，但是買別間。我前不久看到你們這棟大樓還有別間掛出售！價格也還算公道啊！」

我繼續解釋：「假設你的租金是 2 萬 5 千元，而你的房東其實也並不想趕走你，那麼你就繼續租著好了。但是為了以防萬一，假使他要把房子賣了，而他要賣的價格太高，你應該也不會買。那麼最好的作法是：反正你已經存了一筆想要購買辦公室的錢，你就買這一棟的其它間，本來沒有房東房客關係，更容易比較不客氣地殺個好價錢！你買下來，也租給別人 2 萬 5 千元！不就一樣嗎？為什麼一定要買你租的這一間？這只是一個觀念轉換的問題，你其實是希望擁有一個辦公室的資產，把房租拿來繳貸款，不是嗎？」

他是個聰明人，他懂了。「真可惜，本來隔壁有一間跟我這間差不多大小的在賣，開的價格我也覺得很便宜，如果妳早點告訴我，我就把它買下來了！」

擁有房子的夢想，其實是可以變形的。我也看過這樣的聰明人：他真的很想要有房子這項資產，人在

臺北上班，雖然薪水也超過 8 萬元，但是很明顯的，還是買不起天龍國的房。他是臺中人，二年前用存下來的 300 萬元，付了頭期款買了一間中古的 3 房，然後把這間房租給了別人，因為現在貸款利率的確不高，用租金來繳房貸綽綽有餘，還可以幫他付掉臺北的房租的一部分。

這樣的人，是房客也是房東，財務的安全感也有了。現在他還在執行第二個專案「購買臺北房」，打算購買臺北市或新北市的中古屋，當他的第二間房子。「也許我會自己住，也許也會拿來租人，讓別人幫我養房。畢竟，現在的房東對我挺好的，房租低，五年來也都沒有漲價，我也捨不得搬走啊！」他的眼中充滿自信光采。

站在擁有資產的角度，你住的那間房是不是你的，其實並不是那麼重要。重要的是有資產，你就有經濟護城河。

錬 金 筆 記

相信自己有掌控權！

不要陷入宿命論，誤以為世界上的一切都是天命、什麼也改不了。

無論你的生活狀況如何，你總是可以控制自己的命運，至少可以控制自己的想法，也可以掌握自己的行為方向，保持對生活的興趣與熱情！

積極心理學的創始人之一，匈牙利籍心理學家米哈依‧契克森米哈依（Mihaly Csikszentmihalyi，1934-2021）

07. 買自住房，買新屋還是買中古屋？

很多人在買房時，會在新屋還是中古屋之間糾結。尤其是在買第一間房又是自住房的時候。

這個問題不好回答，但其實也沒那麼難，只要列出你「前三需求」就容易多了。世上沒有完美的答案。如果沒有想清楚自己的需求，還有需求之間的優先次序，這個問題你永遠沒有答案。

新屋（包括新成屋和預售屋）和中古屋各有優缺點，地點也是個大問題。我看過不少人在網路上問這個問題，公說公有理，婆說婆有理，其實每個人的需求都不一樣。資金不同、上班地點不同，誰又能替誰回答問題呢？如果你很明白自己的需求與資金是否相符，答案往往就很清楚。

先說新成屋與中古屋的差別，在裝潢花費上新成屋是有優勢的。新成屋通常不太需要另外花錢做裝潢，如果你能將就買了傢俱就住下，對於很多首購族或是房市菜鳥來說相對友善。中古屋年紀很大，因為屋況劣化，需追加的裝修成本會比較高。

當然，所謂的有「不必裝潢優勢」，也因人而異。我看過不少人買了全新的房子，還是狠狠的把所有的建商送的裝潢都打掉，請設計師重新設計，務必盡善盡美，表示對自己多年的辛苦有所酬謝。完美主義者當然是要花大錢的。我旁邊就有好幾個例子：

比如黃人米吧，她買了一間 1,800 萬元的房子，採光很好，天花板也很高，屋況也還算新，不到十年。

她買完房子之後，裝潢前請我去看她的房子。我跟她說：我覺得這個空間格局都很完整，妳一個人住，只要住一個房間就夠了，其他的都叫做自由使用空間，最好不要重新裝潢，也不要做什麼櫃子，原來的舊櫃子重新貼皮就好。

她一邊心疼著 1,800 萬的房子貸款不算少，但卻

仍堅持要裝潢。理由是：「這個房間太大了，我習慣住小房間！」

我有很多裝潢的經驗，我知道只要打牆壁，通常就等於整間都要打掉重練。於是我就施展我的鐵嘴神算：「只要妳打掉房間牆壁動了格局，那麼妳的裝潢費一定至少 300 萬起跳！」

她說她不相信，應該不會花那麼多錢，因為她是請她的同學來幫忙裝潢。關於請親友或同學裝潢，我個人的確也有一些「慘烈教訓」。我曾經裝潢一個小空間，請好友的朋友來裝潢，他原本報價是 100 萬元左右（十八年前），於是我就很放心地交給他，也並沒有要求先出估價單；等裝好之後，我收到的帳單竟是 220 萬元！

當然得照付，而且不能討價還價，也不好一一去檢查到底錢花在哪裡？不然就會嚴重損害友情！比較嚴重的是，我那個小空間竟然多了一個魚池，原因是那位設計師很喜歡魚，認為我應該要有一個魚池（在陽臺上跟室內相連，那個空間已經不到 10 坪，魚池

的設備超過 2.5 坪）。

都怪我在施工期間，工作實在很忙。很狀況外地說：「沒關係你決定就好，我相信你的專業！」其實我真的很不愛養魚，可是那些魚的子子孫孫還真活得好好的（應該說我顧得好好的，每年大概要花 15,000 元請專業人士多次清理小魚池，電費和飼料費另計）。

好了，讓我們把焦點回到可愛的黃大米身上。「妳到底花了多少錢？」每次我問她，她都支吾其詞，最後只好坦言，「大概就是妳說的 300 多萬元啦，算你準！」

不過根據另外一位朋友不小心透露，她其實花了 500 萬元左右！但至少裝潢的結果讓她發現，她買房的 1,800 萬元算很划算。更何況在裝潢的漫長一年中，這房子的房價真的漲了。

如果收入很高，說真的你怎麼裝潢都可以。不過請記住，買房子的負擔，比裝潢來得輕。為什麼？因為買房子可以貸款，裝潢多半必須真金白銀支付。換

句話說，房子是資產，裝潢是耗材。不過請不要曲解我的意思，你有錢，你就是大爺，高興怎麼裝潢誰敢說話？我只是要提醒你，你賣房子的時候，通常裝潢成本你要不回十分之一。

買家就算再喜歡你的裝潢，也會說：「裝潢要算錢？我不要你的裝潢，你可以打掉！」很抱歉，我就用過這一招。你覺得想賣房的人真的會打掉嗎？當然不會，打掉房子很貴啊！

而以面積來看，中古屋的實際使用面積會比新成屋要來得大。因為現在的新房子大多有較高的公設比，臺灣是房地產坪數最不能看數字的地區，因為我們的虛坪很多，不像日本是計算實際室內坪數，連陽臺都是送的！不能夠計入實際坪數！同樣一個地區，新成屋和中古屋的坪數，如果是 30 坪可能會差很多。

四十年的老房子，說是 30 坪，正常狀況下，肯定有個 20 出頭坪，如果是新房的話，那可精彩了，我常常在「好房網」瀏覽房子，曾經看過上頭寫 30 坪，室內建坪只有 8 坪！因為這 30 坪包括停車位，

還有各種公設，真令人瞠目結舌，很考驗我們對空間的想像力！

你也別相信新成屋的 N 房，這一點，買預售屋的人也常常被嚇到。怎麼有個房間在藍圖上看起來還不小，實際上大概只有哆啦 A 夢才能住得進去！在空間坪數上，中古屋提供了確定性！

在生活機能上，中古屋距離商圈會比較近，而新成屋大多在重劃區，可能要歷經一段「方圓 1 公里內沒東西吃」的時期，還好現在有 Uber Eats！選擇上跟購屋者的生活習慣密切相關。如果你在交通上仰賴大眾運輸，生活習慣外食，或在菜市場買食材，那中古屋可能比較切中你的需求。而如果你有汽車代步，會到賣場買足需要的生活物資，熱愛在家自己料理，那麼商圈與生活機能對你來說可能就沒那麼重要。

順帶一提，如果你的購屋目的是為了收租，那中古屋當然比較適合，投報率比較高！這是很簡單的數學，你房子買得愈貴，投報率就愈低。臺灣租屋市場投報率已經很低了，買新屋租人來投資？沒有必要再

幫自己提高獲利難度。

　　那到底有哪些細節可以比較的呢？以下是我列出來，在購屋前需要考量的重點：

👤 安全

　　九二一地震之後蓋的房子，政府已針對建築耐震係數做出規範。超過三十年的房子，在安全上會少了一些保障。 不過，年紀愈大的房子當然愈便宜。

　　坦白說，保障不等於保證。這樣說吧，好的建商不管有沒有法令規範，施工安全性都有一定水平，就是工法謹嚴。相反的如果是不好的建商，就算有政府法規加持，恐怕要為它畫一個問號。奇妙的是某些建商不管蓋在哪裡，漏水都很嚴重。因為他們的策略是蓋「當區最具 CP 值的房子」呀，太重視成本控制，就不注重施工品質和建材好壞了。所以不要有「新成屋比較安全」這樣先入為主的既定印象。

　　我不想在此得罪人，你可以自行 Google「不能買

的建商」排行榜，把各個排行榜比較一下，會發現其實大家意見挺一致的：就是那幾家呀！當然，如果你要買「模範生」建商的房子，肯定是同一地區中比較貴的。好處是這個「比較貴」也會讓你在賣出它的時候得到好處。

🙍 公設

公設就是公共設施，「公設比」指的是所有權狀中不屬於你實際使用坪數部分的比值。公設比愈高，你實際使用的坪數就愈低。

很多新房子主打漂亮的公設，像是圖書館、健身房、游泳池，這些都是公設的一部分。相反地，老公寓沒有這些花俏的公設，功能性單純，因此一樣的坪數，中古屋內部要比新成屋大得多。如果以使用面積來算，新屋與中古屋的價格差多少呢？就我的經驗來看，同一地區新成屋與一間四十年的老屋相比，每坪大概貴 2.5 倍。

公設好，請朋友來參觀超氣派。但有些公設可能變得勞民傷財又讓你生氣。除非你熱愛游泳，否則游泳池最好蓋在運動中心或朋友家就好，不要放在自己家。管理一個游泳池很貴，成本很高，難怪臺灣游泳池被選為嫌惡公設。當然我們也不能一竿子打翻一船人，我看到許多豪宅的泳池都管理得很好。一切都有「對價」的代價。

⊖ 裝潢

前已提及，新成屋裝潢費會省下很多，如果你不挑剔。我以前曾購買新成屋，只要買高雅的傢俱，把牆壁漆一漆就很漂亮了。中古屋只要超過二十年，電路通常要全換，漏水或滲水問題很難根治，過個幾年就會故態復萌。

綜合來說，新成屋每個單位的房價較高，但是扣除掉個人風格的「客製化」之外，不太需要額外裝潢。而中古屋雖然公設比低，每坪房價也低得多，但

是在裝潢過程需要投下比較多的時間，更多的錢，後續不確定性的變動成本也的確比較高。

中古屋的裝潢費多少才合理？我希望不要無限上綱，房價的 2 成應該是天花板，這才是理性理財吧。

貸款

如果信用沒有太大的問題，中古屋的貸款條件大概貸到總價的 6 到 7 成，也就是自備款至少 3 成。若是首購的話，因為貸款銀行對房子的估值往往低於你的買價，與新成屋相比會多出 2 成，如果是 1,000 萬元的房子那就是 400 萬元。對於頭期款是只靠自己努力存來的首購族來說，並不是輕鬆的負擔。臺灣家庭平均薪資約 5 到 6 萬元，每多 100 萬元就等於一家人不吃不喝二十個月，想來實在傷神。

舉例來說，買 1,000 萬元的房子，房貸利率 1.6%來計算，如果是貸款 8 成（我申請只還利息不還本金的「本金到期一次還款」），之後每個月利息還款約

10,666 元，如果是貸款 7 成，那每月還款金額則是 9,333 元左右，攤下來差不多。如果房屋總價愈高，差異也會愈大。以我個人意見來說，如果利息還低於每年 CPI（消費者物價指數）增幅，我的選擇是先不還本金，寧願把它拿去買 ETF，這是比較實際而且合理的理財方式。

和我一起開設線上課程《培養富腦袋的理財必修課》的陳重銘老師，曾經做過一個實驗，來證明低利時代，的確是一個可以讓你資產增值的好時機。如果你懂得有技巧地賺取利差套利。當利率比你可以賺到的錢還低 3% 左右的時候，你真的不用太努力的想要在最短時間內還本金。「不敗教主」陳老師曾經用軍公教優惠信貸申請了 80 萬元貸款（七年期），利率是 1.6%，和 2022 年第一次升息後的房屋貸款差不多。

陳重銘老師表示，他貸款 80 萬元，每個月本息平均攤還必須還款 10,074 元（個人信用貸款不能夠申請展延，一定要連本金一起還），簡單地算整數，

一年約 12 萬元、七年 84 萬多元，算下來，全部應繳利息是 4 萬元。就算把它拿去投資高股息 ETF，以 5%殖利率計算，第一年股利就有 4 萬元，等於第一年的股息就把七年要付的利息賺回來，後面二到七年的股利都是淨賺。

陳老師還有一個相當可愛的建議，那就是你辦哪一家銀行的房貸，就把本來打算還房貸的錢，拿來買那家銀行的股票。假設你是從第一金借錢的，那就拿來買第一金的股票，第一金平均每年配息約 5%（大部分績優銀行股也差不多）。以 80 萬計算，大概每年可領 4 萬元股利，就算每年要還 12 萬元貸款，也只剩 8 萬元要自己掏錢。那麼這七年可以賺多少錢呢？只有第一年必須要還 12 萬元，其他六年只共還 48 萬元。那麼，你借了 80 萬元，事實上你只要還 60萬元，真的是如意算盤。

當然，這個牽涉到個人花錢的機率問題，陳重銘說他的「不敗」是指不敗家，如果你動不動就敗家，那請忘了這個提議！

無論如何，借錢投資一定要有穩定收入、事先做好還款能力評估。如果你想要像不敗教主這樣賺錢，說穿了還是要非常有紀律和自制力。但股利是每年領一次，借錢後卻是每個月要還錢，因此必須做好預算規劃，確保不會影響日常生活，陳重銘強調，一定要有穩定的工作，收入不穩定又要每月還貸款，會蠟燭兩頭燒。而且必須評估最壞狀況下（例如當年公司虧損無法配息），生活與還款能力會不會受影響？如果一個人負債僅占總資產不到 3 成，就算配不出股利，仍有能力每月還錢。

　　借貸投資先決條件都是要賺錢，實在不鼓勵你拿到股票市場買飆股做價差。也要提醒你最好不要買景氣循環股。否則萬一它長時間很不振作，你借來的錢肯定是賠了夫人又折兵。想要賺取股息，大概只有 0056 高股息 ETF，還有某些十年來配息率一直超過 5% 的金融股是比較好的選擇。

　　客觀來看，報酬率與貸款利率相差至少要有 3% 以上，利差才划算，如果賺不多，還要承擔投資風

險，那乾脆就不要借了；免得白忙一場，傷神又費力。存股的確比賺取價差穩定，只要選對公司，就算前面一、二年股價跌了，也還是一樣能穩定領息。

雖然之後可能會一直升息，但是升息也不可能無限上綱。就算房貸在幾年內升息 4 碼來到 2.6%，以陳老師借的 80 萬元來說，每月也只要多還 354 元，所以也不需要過度驚慌。但是如果超過了 2.6 %，那為了安全起見，還是按月把本金和利息一起還了吧！

家人

如果你年紀大了些或跟長輩同住，換房的時候可能就會需要考量電梯甚至是無障礙設備。除了電梯，有社區管理員或保全幫忙收外送、趕垃圾車與收包裹信件，這對於年紀比較大的人來說是相當方便的。

不過「有一好，無兩好」，電梯住宅管理費肯定高，對長輩而言扣除掉追垃圾車這種比較費力的狀況，生活變得太方便也就少了一些考驗。畢竟現代人

少運動,長輩雖然抱怨爬樓梯麻煩,卻也可能是他們唯一的運動。多走幾步路,也不是一件壞事。這部分就要靠你跟家人之間的溝通了。

我婆婆本來住在公寓四樓,年紀大了以後因為「深感不便」搬到了一樓。雖然不用再爬樓梯了,但也缺少了運動機會,肌力因而在一年內銳減;是福是禍實在難以論定。

(人) 鄰居

因為惡鄰而痛苦不堪的人很多,之前我曾經有個工作室在臺北忠孝東路三段附近的小巷內,地點很方便,但我賣掉它後備感輕鬆。因為隔壁人家有個精神有問題的兒子已屆中年,偶爾會拿著亮晃晃的菜刀打著赤膊,在巷子裡晃來晃去。被他砍到,他肯定可以因為精神狀況而免除刑罰,所以連員警都拿他沒轍。硬體上的問題,還可以找專家來修理,但是人若出了問題,可能曠日廢時也無法修復。不管你買中古屋或

新屋，其實都不保證你不會遇到惡鄰居。不過中古屋
或老社區的好處，就是你有機會打聽鄰居的狀況。
千金買鄰，此話誠為真理。

鍊 金 筆 記

在我的人生中，寫了許多雞湯文，其實我明白：
誰的勸阻，都不會讓你大徹大悟。
真正能讓你看透人情世故的，只有親身經歷。

沒人想吃虧。
但是人教人，很難記；事教人，最夠力。
吃虧和吃飯一樣，吃多了自然會成長。

08.

培養對價格的
敏感度

　　如果你真的有「夢想要住的地方」，那麼請別等到你有錢買房，現在就開始，持續關注你夢想屋的房價。目標明確，才知道自己要存多少錢？離目標距離有多遠？

　　很多人會按照老方法，向當地人打聽房價，我並不贊成，這恐怕很難有客觀的答案。

　　「這附近1坪60萬元到底貴不貴？」如果你這樣問住在當地很久的人，一定會告訴你「很貴」，因為他會記得 三十年前他是20萬元買的呀。但如果是剛搬過來的新大樓住戶，聽到這個價格可能會告訴你「很便宜」，他也只能用自己的買價衡量。

　　每個人的主觀感受和經驗值不一樣。不管是投資

或是理財，最重要的就是客觀數據，不要憑著直覺，也不要只打聽路人甲乙丙的建議就做決策。看數據，保持對房價的關心才是正確的方法。

而在這過程中，最能夠幫助你的，就是那些過去的交易紀錄。

拜資料所賜，「查真正價格」比以前簡單多了，不需要什麼貴賓服務或高端技術，政府提供的實價登錄網站是很好用的工具。另外像是好房網、樂屋網這樣的房價資訊網站，也都鉅細靡遺，可以去研究它的實價登錄。

從 2012 年首次推出實價登錄之後房價透明了些（當然也有做假的，我也曾「抓到」過，請看本章後記），實價登錄 2.0 在 2021 年的 7 月 1 日上路，變革有更清楚的資料呈現，簡單來說有兩點：

變革❶：門牌、地號完整揭露

以前就算有實價登錄，實際位置還是要用「猜」的，因為之前物件座落的門牌或地號，是以每 30 號

做一個區間來呈現。

用猜的不準，因為有很多地方，30 號內的房價差距很大，比如帝寶和它附近的老公寓，地價就有很大的差別。我們只能從坪價來猜，這筆「大概」是哪個建案。

變革❷：預售屋銷售資訊及時申報

搶買房子，但是只想快速賺取價差，並不想擁有，在香港叫做樓花，在臺灣叫做紅單。以前在房屋速漲期，確實很多人靠紅單賺錢，也就是房子開賣時去搶買，等到房價漲了再轉手賣出紅單。之前有不少投資客靠這個賺了不少錢，這種操作方式，就是不打算賺房子最大的漲幅，而是在短時間搶賺價差。有漲就出手。而在實價登錄 2.0 之後，已經禁止紅單交易了。

這次變革對預售屋的影響，則是解決時間差的問題。過去你很難看出預售屋的行情，因為舊制規定的申報時限，是代銷案結束的三十天之內。現在則要求在買賣簽約的三十天內就要完成申報。

聽起來好像差不多？不，差很多！關鍵點在代銷案什麼時候才能結束？從第一間賣到最後一間，可能五年才結束喔。多數預售屋仲介和建商為了自己的利益，當然會在結案後才整批申報，不然買家比來比去，還來爭論，實在很麻煩。現在，已經不能這麼做了。

👤 有些「貓膩」只有碰到才知道

也許某些實價登錄資訊還藏著貓膩，但無論如何，實價登錄 2.0 上路後，房價是愈來愈透明，同一個社區在同時期的價格，也會漸趨一致。

在這裡也要向各位分享一個經驗談，如果你真的遇到同樣一個建案，但是兩邊價差很大時，該怎麼選？

如果是高價豪宅，當然要選景色最好的；但如果是中等住宅投資物件，你乾脆買便宜的。這是我在香港的經驗。當時我代表公司購置一間香港房，那時我很堅持選看海高樓層，價格貴了許多（比低樓層價格

多出 2 成）。過了幾年，仔細去查香港實價登錄才發現，同一建案的樓層，隨著時間價格會漸漸趨於一致。我買 55 樓 1 坪約 80 萬臺幣，而我沒選的 6 樓只要 60 萬臺幣，過了五年，這兩樓層的房子賣出時，80：60 變成了 120：110，誰賺得多，你應該可以一目了然。

有趣的是那五年間我只在那房子裡看了兩次海：買它的時候和賣它的時候。看海的代價還真的挺貴的。

為什麼有人說實價登錄沒用？那是因為他們誤以為，可以用實價登錄的「均價」買到房子。但均價不是現價，從有實價登錄以來，臺灣房子至少漲了兩大波，臺北與新北等人口密集處漲幅更是令人咋舌，把長期平均的價格，與某個時間點相比，並不恰當。

但為什麼我說實價登錄有用呢？因為它至少扮演公訂「參考值」的角色。不是要你踩死底線，只要高於實價登錄就不買；重點是要談價格前你須有一把尺，實價登錄就是給你客觀度量的那把尺。讓你不會在迷糊朦朧中就賤價賣屋或溢價買屋。

⊗ 實價登錄有盲點：注意虛坪藏貓膩

當然實價登錄網站也有一些美中不足之處，比如說呢？它的預售屋查詢功能已經揭露了建案名稱，但中古屋只能查詢到門牌，沒有辦法告訴你，這個價格對應的是哪一個建案。也就是說，你自己還要請教 Google 大神，這到底是哪個建案，哪個社區？

比如你要查帝寶，這系統你確實要再多花心思搜尋，帝寶實際住址是仁愛路幾號？

另外，臺灣最著名的「虛坪」也是一個大問題，也就是實價登錄沒有強制填寫車位價格。有些房納入車位坪數，讓價格失真。還有同一棟大樓，有的房子有車位，有的沒有配車位，算出來的坪數、價格就有很大差別。

舉例來說，一戶房屋含一個車位，產權面積 40 坪、總價 2,000 萬元。如果沒有申報完整車位面積與價格資訊，實價查詢網會直接以 2,000 萬元除以 40 坪計算，交易單價為每坪 50 萬元。

問題是房市實際交易時，房屋、車位交易價格是分開算的。正確計算方式應該是先扣除車位面積與價格，再試算單價。以車位 12 坪、200 萬元計算，前面這個案例的總價應先減掉 200 萬元，等於 1,800 萬元再除以扣除車位面積的坪數 28 坪，得出每坪單價約 64 萬元，這比實價登錄上的 50 萬要高出 14 萬元！

由於車位價格每坪單價往往比房價低，如果未分開計算，直接將總價除以總坪數，價格就會嚴重失真。

儘管如此，我認為實價登錄讓價格儘量透明化，對於購屋族是很大的保障，買方賣方得到「不做冤大頭」的機會，反正既然已經有人幫你整理好了，沒事時看一下你家或是租屋處附近的房價，對於找殼或換殼的人而言是很大幫助。

⊘ 後記：這是我遇到的真實故事

幫忙我的電商平台烘焙咖啡的咖啡烘焙師，想要購買一個咖啡工作室。原來的工作室地點雖好，但是過於狹窄，而且面臨大馬路，而他的工作室非得在 1 樓不可（臺北市的 1 樓真的很貴）。當他說出他的理想之後，我就自告奮勇幫他找房子。

我在網路上查了半天，發現在我工作室附近，竟然有一間房子，1 樓，還有地下室，1 樓 25 坪，地下室 40 坪（這是非常理想的，他還可以利用這個空間開課和儲存），只開價 2,400 萬元，怎麼可能？這是在天龍國呢。但，是真的！

當然，它的屋況不會太好，地下室共隔成 4 間套房，雖然地下室也有一面採光，並且有另外的門可以出入平地，但是因為隔間不佳，擋住光源，所以顯得很不討喜。很久沒人住，瀰漫霉味，還有一些雜物堆在裡頭。

如果你看到這種房子，先別嫌它，這表示屋主已經無心打理，只想脫手，所以價格會變得好談。

不過，如果你也是跟我一樣看房子的老手，你一定不禁懷疑：賣得比這附近實價登錄便宜很多，還是1樓，他為什麼賣了五年，從五年前的開價2,500萬元降價到2,400萬元的前屋主購買原價還賣不出去？疫情之後，臺北的房子也漲了一大波了，為什麼？肯定不是白雪公主在等白馬王子來親吻她。由於我對這個地區比較熟悉，跟附近的鄰長也認識，我查出了兩件事情：

❶ 多年前他的隔壁鄰居，曾經發生某個不太吉利的案件，一位租屋的黑道大哥在此「自我結業」。（這件事情，除非你可以查到記者報導，否則你到警察局去問，依照規定員警可不能告訴你）也就是說，這意謂著可以更努力殺價。

❷ 鄰長還真厲害，竟然明明白白地知道這個房子是某個仲介的店長跟原來的屋主買的。而且原屋

主只賣 1,800 萬元，但購買的實價登錄竟然是 2,400 萬元。

我一看就大概明白了，某仲介店長覺得當年原屋主急於脫手，因此價格偏低，所以就貸款將它買下來。可能因為原屋主缺錢，於是兩個人做了某種協議，賣價是 1,800 萬元，而實價登錄是 2,400 萬元，貸款是 2,000 萬！這樣一來，這位聰明的仲介公司店長，不但擁有了一間房子，而且還扎扎實實多拿到 200 萬元現金！

不要忘了，貸款是要還的，就算他沒有先還本金！1,800 萬元的貸款，按這五年的平均利率約 1.65% 來算，大概也繳了 150 萬元。而因為年久失修，他也沒有空好好管理，所以中間都沒有租金所得，可以判斷，他應該撐得很累，這又是可以殺價的一大證明。

我也沒有趁人之危，只是請我們公司特助咬住 2,000 萬元，一塊錢也不要加，果然，他就買下一間非常划算的大面積的工作室。我還請了網路修繕平台「師虎來了」來做裝潢。因為屋況太差，非裝潢不可。

講完裝潢的基本需求，我跟他說：「無論如何請你在 250 萬元內完成，我知道現在建材都漲了，這麼大面積這個價格很不容易。反正就是個工作室，也沒有真正對外營業，就麻煩你裝潢成簡單工業風吧。」不是自誇，但我在這方面很務實，有時候出價買房子，好像柯南在辦案，到處要查線索，真的挺有趣的！

錬金筆記

因為企業家曾經這麼告訴我：

學歷銅牌，能力銀牌，人脈金牌，人品是王牌。

不過，人脈還是建築在能力上，沒能力沒真人脈！

09.

買房等都更，
可行嗎？

　　經濟起飛期，每一個城市都會大量興建房子。我們已經離經濟起飛期很久了，而且扎扎實實地步入人口老化期，尤其在臺北，如果你跟我一起去看過中古屋的話。在看屋的時候，就會聽到一種有趣的話術：

　　「我跟你說，這間房子面臨大馬路，屋齡又夠老，買了放著等個十年，都更就會賺很多，老房子直接換新房子，多划算啊！」

　　「這房子已經有建商在評估，都更只是早晚的事，到時候價錢就會飛上枝頭了！」

　　「與其買荒郊野外，不如賭這邊，隔壁棟都已經在整合都更了。你不要看它老，最近很多投資客都搶著買這裡！」

只要賣的是三十年以上的老房子，尤其長得像廢墟的，幾乎都會聽到都更的美麗紅利。都更這件事，可信嗎？

　　應該每個在臺北市看過房子的人都聽過這個說法。以都更案最多的臺北市來說，有設籍的房屋大概 90 萬戶，平均壽命三十五年。其中三十年以上房子，總共有 70 萬戶左右，四十年以上則是 36 萬戶。你買到老屋的機率，要比買不到還要來得高。

　　會買臺北市的老屋除了位置好，多數心裡都會期待都更，讓建商幫忙「點石成金」蓋新屋。在老屋林立的臺北市，這聽起來很合理，但是實際上真正「被都更的有多少」呢？

　　用數字看最清楚：從 1998 年到 2021 年，臺北市都更成案的件數總計 500 件，換算老房子的戶數與成功機會，大概是 1.7%，二十三年加起來 1.7%。我的學弟，做了十七年都更建商的黃張維（耕薪建設董事長）開玩笑說：「在臺北市要都更成功，機率可能跟中樂透或刮刮樂差不多。」

而且這個數字是在寸土寸金的臺北才有的機率。到底你有沒有可能成為這不到 2% 的幸運兒？大體來說，周邊房價行情愈好，重建後才有上漲空間，建商才有採取行動的誘因。如果你的房子是在天涯海角，沒有市場行情來保證，都更機率還會小更多。不是房子老就值得都更，要房子所在地段值錢才有都更的可能，都更可不是「扶老濟貧」的慈善事業。

　　換句話說，假設有人在你看房子的時候跟你說，「一點也不貴，別看它老，這個房子不久就有機會都更喔」，他說的機會其實就是 1.7%。你覺得這個機率是高還是低？

　　都更是繁瑣且曠日廢時的事情，不少已成功的都更案都曾經跟釘子戶周旋許久，甚至還引發社會事件。

　　買舊換新當然是一件讓人期待的美事，但大家一定要有一個概念：都更真的不容易，並不是房子非常老舊，會垮、會倒，就會有都更天使上門來。「都更磨三代，危老怕釘子」這句話說盡了都更的辛苦。

目前都更成功的案例，通常產權比較不複雜，當然也有那些產權複雜，但是管委會的組織能力超夠力而成功的，不過後者通常也得協調十年以上。只要扯到錢，連親兄弟都會翻臉啊，何況是鄰居呢？就算面積一樣，很多人就是會覺得我的樓層和位置比較好，我的裝潢比較新，認為自己有理由可以多一點，共識是不容易達成的。

👤 都更，危老，有什麼不同？

　　房子會不會都更？等多久？有些概念我們必須懂得。首先俗稱的老梗可分成兩種：「都更」與「危老」耗費的年限與成果大不相同，建築業有個說法「屋主多，走都更；屋主少，跑危老」，這是大原則。兩個方式的條件與影響都不太一樣。至於怎麼選，就要看你的房屋符合哪一種條件。

　　商學院第一要則：看數據，別只靠想像力！從結果來看，這兩者就有相當大的差別。都市更新截至

2022 年 3 月底為止，總核定案件還不到 1,000 件，而 2017 年才上路的危老，核准已經超過 2,000 件。

「危老」為什麼容易得多？其實從「同意人數比」而言，怎麼看都更好像更好些。申請危老的前提是所有權人 100% 同意，與都更 80%。

但是在條件和花費時間上，顯然危老比較容易通過。以申請面積來說，申請都更的「面積條件」是有限制的，都更基地面積，依照各縣市規定不太一樣，平均大致落在 1,000 平方公尺（302.5 坪）左右。以臺北市來說，先不考慮臨路、建築線等要件（可見要符合還真不容易），基地至少要 500 平方公尺（151.25 坪）才能申請，這可不是很小的面積喔。而且還要取得都委會審定，過程真的要很久很久。

「危老」這兩個字聽起來緊急多了，所以基地面積則沒有任何限制，基本上比較容易取得共識。但是所謂的「比較」，也只是比較，比如有棟老公寓基地的面積只有 50 坪，總共 4 層樓，2、3、4 樓都同意了，但是 1 樓不同意，他把店面租給便利商店，租金很穩

定，生意好不好也跟他沒關係，自然沒有打掉都更的誘因。

請注意，危老需 100% 的所有權人同意才能申請，過程中只要某一戶反對，大家只能「多數服從少數」！而且在申請的程序上面，為了要顧及大家的權利，規定真是多如牛毛啊。

「都更」從擺平大多數住戶申請開始，不僅要提具計畫書等證明，過程中至少要舉行兩次公聽會，曠日廢時，有一個在臺北市信義區「昇陽信義」，花了二十多年才完工（請注意，大家這麼有耐心磨，實在是因為它位在信義區！）

危老最難的就是要取得全體屋主同意，而且要符合危老鑑定。如果有業者願意承接（這當然跟承接的建商的利益有關係，私底下了解，如果沒有兩成淨利，真的沒有人要去搞情理法這麼複雜的事情），申請建照及拆除執照之後，快的二年大功告成，所以它後來居上，法令出現的年間比較短，但是成功案件多很多！

卻也不是沒有難處，百分之百的同意率，最容易成功的方法就是你口袋要深，把那一整棟慢慢地都買下來（我在痴人說夢嗎？）

一般來說，危老從申請到興建，平均五年時間就能完工。至於都更，光是案件通過，可能就要三年，花了二十年才完成的更是所在多有。年紀大的人，可能就要開始鍛鍊身體，才等得到成功的一天。政府在 2017 年開通「危老」這條路，就是為了突破都更一直以來被批評時間冗長的瓶頸，自然門檻會放得低一些。

就獎勵角度（也就是蓋好之後「住戶得到的好處」）來看，都更倒是比較優厚，「都更容積獎勵」最高上限可以到 50%，而危老最高上限獎勵是 30%。這裡講的獎勵是容積獎勵，讓你改建後可以取得更多面積，而不是「費用補助」。這個目的也是為了提高建設公司投入都更的意願，不然圓了住戶的夢，卻賠了自己的錢。

畢竟，如果只能按照原本的面積重蓋，建商幾乎

是無利可圖的，那誰來做此種慈善事業啊？有了容積獎勵，有更多額外空間讓建商另外銷售，這樣建商才願意跟地主一起來分擔工程款，讓所有權人以比較低的代價，達到「舊房換新房」的目的。

當然有些國家也是會給你錢。比如說在日本的都市再開發補助制度，獎勵主要採取「融資援助」與「金額補助」，而非容積獎勵。

不過也都是大型建商才有此等財力和毅力。

日本的方法其實比較簡單。至少不太麻煩擁有者。我擔任董事的日本的租賃公司就曾經遇到都更事件。整個過程經驗是這樣的：這間房子只有地上權。當時購買的時候已經接近五十年，為什麼要買它？當然是當時的執行董事太天真（就是我本人）。

因為執行董事本人非常嚮往念東京大學，而這個房子直接看著東京大學某校區的操場。感覺離夢想好接近。（本文說的是實話，拜託不要學，分不清楚現實和夢想的距離，肯定會帶著全公司慢慢往下。）

我公司是在 2014 年左右買進。主要是因為：

表一 簡易都更＆危老比較表（註：不要看的可以跳過，細節其實還很多。能夠津津有味看完的，恭喜你，你好棒棒，必然可從事此行業）

項目	都更條例	危老條例
申請人	實施者（如建設公司、都更會、都更中心、公部門）	土地建物所有權人
基地規模	•面積≥1000平方米 •面積≥500平方米之更新單元需經都更審議會同意	無面積限制規定
條件	公劃更新地區或符合自劃更新單元標準或指標	•結構安全評估未達最低等級 •經建築機關通知限期拆除之危險建物 •屋齡≥三十年，耐震評估未達標準的建物 •已不具改善效益或沒有電梯的建物
容積獎勵額度	•不得超過法定容積1.5倍或0.3倍法定容積＋原容積 •可另申請海砂屋、輻射屋、開放空間等其它獎勵	•法定容積1.3倍或原容積1.15倍 •不得再申請其它獎勵
同意比例	採多數決，須土地及建物所有權人75%及80%以上同意	須全體土地及建物所有權人100%同意
稅賦優惠	土地增值稅、契稅、地價稅、房屋稅	地價稅、房屋稅

一，它離夢中的東京大學很接近，打開窗戶跳下操場就到了（對不起，我真的只是在開玩笑），二，因為是地上權不需要繳交房屋稅，甚至老房子也沒有管理費，每平方公尺大概只有 35 萬日圓，以當時匯率來說大概就是每坪只要新臺幣 30 萬出頭單價很便宜，這個在東京蛋黃區簡直是跳樓價！

而且它是一個 owner change 物件，也就是在購買投資用公寓／大樓及獨戶住宅時，房產的所有者保持租客現有的狀態出售此房產，即「帶租約」出售。裡面已經住著東大的學生，每年的租金回報大概有 10%，雖然是老舊建築，但是全數租滿。大學生都是很懶的，你我都曾經是，所以應該可以明白，他們期待一睡醒刷完牙五分鐘之後就能進教室的想法。

不只買下同時承接租約，而且當時房地產租賃公司還算賺錢，收入比支出高，所以需要創造一點支出（這是日本的法令，租賃公司購買地產是可以報支出的），反正這位粗枝大葉的執行董事就這樣把它買下來。

過了七年之後，有一天被通知，某建設公司已經從政府那邊得到土地權，而且依法可以執行都更，而且並不需要得到我們這些屋主的同意（你看，人家也是民主國家，但是在都更執行力道上顯然快準狠，畢竟日本的都更危老還比我們多更多）。

　　這間房子的財務報表大概是這樣算的（為了方便，用最簡單的臺幣價格來說明）：

　　如果我們當它本來是 300 萬臺幣的話，六年時間每年收入 30 萬，最後建商依法用 650 萬收購。收購過程就是某一天請屋主去現場那裡填一個單子，跟租客也是依法無條件解除租約，至於租客要住到哪裡去，我其實也不知道，反正我也不認識他，因為政府或建商會有另外的補助。

　　重點在於沒有人可以當釘子戶，所有人跟租客都要依法撤離！（這一點我說給臺灣的建商朋友聽他們都覺得超酷）所以這個案子結案的稅前盈利很容易算出來，也就是：六年賺了 180 萬租金，房屋的買賣資本利得是 350 萬元，中間仲介代為跑腿以及種種的費

用，大概用 30 萬元計算。沒有把稅金計算下去的狀況之下，獲利是臺幣 500 萬。

因為一個天外飛來的都更，這位糊裡糊塗的執行董事算起來，還幫公司賺了一筆錢，不過她做過的錯誤決策也不算太少，感謝其他董事體諒。

🙋 買房子等都更，合理嗎？

看完這個令人興奮的故事之後，讓我們回到臺灣冷靜一下。回到我們一開始的問題，我買的房子會都更嗎？什麼樣的房子會有比較高的機率獲得重生的機會呢？

首先，從制度面來看，你要老屋可以重建，至少要符合都更或是危老的門檻（參照「簡易都更＆危老比較表」）。這些在相關單位網站也都查詢得到，老話一句，百分之百了解的同學你的頭腦精密到足以考上律師。

第二，都更、重建通常是房仲說服你買下老屋的

話術，但是真正決定都更與否的，既不是房仲，也不是這棟房子，而是擁有這棟大樓的所有權人們。一樓有店面的老屋，依都更建商經驗，在達成共識上會較為困難。另外，這個區域建物性質是否類似也很關鍵。改建是用土地的持分去計算改建後的分配，原本建物的樓層愈高，住戶平均土地持分愈少。

很多住戶同意都更是因為他們認為是 1 坪換 1 坪，其實並不是這樣。老舊大廈的住戶常常會發現，改建之後換回的坪數小於他原來所住的坪數，也很可能會變成原本的 3 房縮水成為 2 房、2 廳變成 1 廳，必然會引發老人家對改建產生抗拒心理。

還有，再次強調，沒有人會免費幫忙你把舊房子變成新房子。對建商來說，在合建的狀況下，他們沒有收取服務費（所以建商口袋要很深，倒掉的也不少喔），如果沒能在成本和利潤上做好管控（這在萬物飛漲的通膨時代和後疫情時代實在很困難，因為建材和工資都上漲），這可能長達十年以上的辛苦努力，很最後變成為誰辛苦為誰忙？還害得自己破產。

第三，從建商的角度，如果無利可圖，甚至無法打平建築成本，他們自然沒有道理陪著住戶把頭洗下去。這一行不得不「勢利」，房價較高的地段，重建後建方有機會獲得比較大利潤空間，都更成功希望大；相反地，如果房屋位置沒那麼奇貨可居，重建後價格漲幅有限，那都更就是一場夢。

鍊 金 筆 記

人與人，一開始讓人舒服的，是口才；長期感受，必定是人品！

別把生活或生意只看成利害關係，這樣太淺薄了。

更多的是互惠與互暖。

10.

不買房，如何當房東收租金？

　　「金窩，銀窩，不如自己的狗窩」，房子是許多人心中的里程碑，一輩子的大事。但是，你一定要有自己的房子嗎？不買房還是有人在當房東，這要如何辦到？這位臺大社會系的學妹陶迪就找到一個「痛點」來擊穿。

　　首先講一個觀念，那就是「所有權」與「使用權」的差異。過去從買房到買車，講的都是「所有權」，或是「買斷」的概念。你得把這棟房子或是車子，連同它們的權利與責任都一起收為己有。

　　你聽過「共享經濟」的商業模式吧，已有不少人同意與其花大錢取得「所有權」，不妨用較少的成本取得「使用權」，既滿足需求，又不必負擔保管義

務，也就是「只交往、不結婚、不承諾未來」（這樣講大家容易懂）。

老實說，這就是二房東的現代版，二房東也不是什麼新名詞。但是以前我們認知的二房東，比較像找租客來平分房租的模式，多半只是為了節省一點開支，但是陶迪的方式不一樣。

「加值型」二房東，創造房東、租客雙贏

現代「二房東」是「加值型」的，不只是把房間分租出去，而是打破空間既定限制，用創意與精力為空間加值。

陶迪是個年輕清秀的女生也是臺灣大學社會學系的學妹，做事有很大的魄力，她看準在臺北市「房價太高，大家買不起」與「房客實在不好管」這兩大痛點，想到利用包租代管的方式。對於房東來說，確保一定收入的同時，也能享有有人把房子照顧好的結

果；對於租方來說，有專人重視租客需求，讓他們免於傳言中形形色色「惡霸房東」的困擾。

特別是在三十年老屋比例超過 7 成的臺北市，像這種「加值型」的包租代管，其實就是一種房屋靈魂的「微改建」。沒有動到房屋架構，但是提升整體住客的使用體驗。

表一 「加值型包租代管」成本獲利試算

每月成本	9,000 租金 +1,000 管理費
每月租金	37,000
年實收＊	37,000×11-(9,000+1000) ×12 = 287,000
不計營業費用的回本時間 （年）	530,000÷287,000 = 約 1.85 年
五年總毛利	905,000 （287,000×5-530,000）

※ 招租期以一個月計算，無租金收入

這樣的投資模式，報酬率有多少呢？以陶迪提供的案例為例，她以五年、每月 9,000 元租價承租一

套 3 房 2 衛的老公寓，花了 53 萬整修，最後以總租金 37,000 元租出去，每個月支付公寓管理費用 1,000 元。計算下來，五年從這間「不是自己的房子」可以獲得近百萬毛利。

數字很好看，但是這個商業模式背後有幾個大前提：

❶ 信任： 第一個關鍵是要取得「怕麻煩」的房東信任，你要跟房東簽足夠長、租金夠低的租約，至少要五年，這樣你才有足夠的時間回本並且累積淨利。但相對而言，房東等於將每個月應該收到的一部份房租，「投資」在他的房子身上，可以獲得最後「改造」後的成果，也不用付整修費，但是這沒有一定程度的信任是很難達成的。

❷ 不怕麻煩： 包租代管之所以可以創造這麼高的投報率，一定要壓低人事與管理租客的成本。例如如果租客有水電問題，二房東絕對是第一線要處理的人。你得很不怕麻煩，喜歡人，也擅長溝通，熱愛解決問題，樂於解決房子與租客的問題，如果用太多

人力在管理上，會吃掉大部分的利潤。沒有悠閒的老闆，只有親力親為，苦幹實幹，對細節充滿耐心的「二房東」。

❸ **「輕裝修」降低成本**：裝修成本愈低，你回本的速度就愈快，因此不要動到大格局，之前在「裝潢」這一小節曾經說過，只要一打牆壁，裝潢費馬上大躍進，也差不多等於全部重改了。請善用軟裝布置的輕裝修（比如：IKEA 或宜得利家居等），會是較為合理的作法。特別是老房子，而每一道裝修痕跡背後，都可能有一個結構性的問題，貿然想要全盤改善，都可能掀開潘朵拉的盒子。請記住，別把幫你運貨的騾子改成賽馬！

🧑 一人公司或擴大團隊？看現金流說話

減少人事支出是行政成本的考量，在臺灣這類包租代管的生意，大多規模不大，像是我採訪的陶迪在早期幾乎符合「一人公司」的創業類型，等收入多

了、物件多了，才慢慢增加人手。

在這裡閒話一句，有些人真的把當老闆想得太容易了。我曾經遇過這樣的人，開始做電商，第一個月，在同溫層（也就是同事或者是平常常常接觸的團體）裡面賺到了幾十萬，就開始成立公司。

公司成立之後，就開始請人。他的計算方法很簡單，假設第一個月賺了 30 萬元。他就推算每個月都可以賺取同樣的錢，不知道銷售業績其實並不穩定。然後，也忘記了公司的成本和聘請員工除了薪水之外，還要付很多費用。租用辦公室，除了租金本身之外，也一樣有很多開銷。就算你是老闆，公司賺的錢，並不等於就是你的錢，還要扣掉營業成本等等。

他請了會計，請了倉儲管理員，這些都是正職，還不是兼差。因為平台常常必須做美術設計，又打算請美編。想法很單純，就是覺得這些員工反正薪水不高，30 萬元好像夠花。

第二個月收入十幾萬元，第三個月變成幾萬元，公司當然得結束營業。但是結束營業並沒有那麼簡

單，如果你一開始跟員工說的是正職，那你就要多付給他們遣散費。創業並不只有開幕時期要付錢，退出也是有門檻的，很多人常常發現在結束的時候他虧最多的錢！

總而言之，「服務業」賺錢建立在節流上，如果你把包租代管當成獲取現金流的方式，擴大規模甚至管理團隊，都會大量燃燒你的管理時間與資金。

還有如果你要做這一行，一定要考慮規模經濟的問題。前面的那個收入表，感覺很賺錢對不對？不對，毛利五年 100 萬，一年只有 20 萬元。如果你只管這一間房子，你是會餓死的，雖然平常會比較閒。就算沒有任何扣除額，20 萬元平均分到每個月，你的薪水只有 16,000 多元，還不是淨利，當然不夠活！

所謂的規模經濟在這裡的解釋就是，你不能只管一間房子吧？不過如果你是一人公司，校長兼撞鐘，再能幹大概也只能管個五間，再來就要有團隊囉！那又有別的成本要算進來！

管 5 間，之前每一間取得的房租成本都這麼好的

話，你也只能賺到 8 萬元／每個月。這個收入也只比一般上班族好過一點。何況我前面並沒有把營業成本等雜七雜八項目算進去喔。

聰明的你也一定發現：前期成本，也就是裝修費用的利息沒有算進去，把這麼大一筆錢投入在別人的房子，你必須要不心疼，而且必須要遇到講理的房東。我曾經看過房客很努力的裝修房子，也簽了五年的合約，打算就這樣住下去，可是房東突然變心，看你裝修得這麼好，他就打算把它賣掉，用了各種理由，還動用親友之間的黑社會大哥企圖來收房子。畢竟所有權是他的，利字當頭，承諾全忘了，也沒有在怕法律啦！所以你一定要祈禱遇到好人才行啊！

我也有一個同學，曾經從事建築業。在四十歲的時候，把所有的錢拿來買一棟老公寓，在某大學附近，租給學生。這個老公寓雖然一層的面積不大，但是足足有 5 層樓，加上頂樓，隔成 15 間房子。收學生費用不能收太高，每間房間平均每月租金 6,000元。就這樣開心的退休了十幾年，可是他後來說他好

後悔，為什麼？

因為他常常在帶看房子，尤其是週六、週日。學生的狀況也比較多，要修理的東西也很多。十多年前每個月 9 萬元很多，現在 9 萬元真的沒多少。家裡還有幾口人要養。

再加上他也面臨到少子化問題的考驗，大專院校招生不足，學校學生人愈來愈少，這就是人力不能回天的地方了。

更高段的人一定也察覺了，他每個月並沒有真正拿到 9 萬元。因為不是自住房，肯定要付比較高的稅，還有這 9 萬元其實還要扣掉機會成本（買房子的資金成本的利息是多少？這就是機會成本的問題。不能因為是自己買的房子就都沒有算）。

修繕費用也不少，好處是養成的十八般武藝，從電路到馬桶全部都會自己修理。說真的，如果我有一棟這樣的老房子，我寧願賺少一點租金，交給現代二房東管比較好！那我還可以有足夠的時間，去做自己喜歡的事情，不需要做雜工吧？

鍊 金 筆 記

創業者每天都要給自己兩種不安：

第一種、不安是在「逆境中」仍要堅忍不拔，

致力於追求高績效。

第二種、不安是在「順境中」仍要自我節制，

不盲目追求高成長。

11.

女人買房，買的是出路和退路

　　近來有一個統計數據很有趣：全臺灣土地擁有者中，女性占比是 46.3%，其中臺北市跟新北市的女性土地擁有者，還比男性來得多，也算是以地區而言，臺灣「城市區」女力崛起的證明。

　　但如果只看「單一所有權人」的資料，女性單獨持有房地產的比例為 35.9%，男性則是 45.6%，女性單獨持有「自己的房子」的比率不斷增加中。

　　自己擁有一棟房子重不重要？先說個故事，有一位年輕時因為結婚離開職場的地方電視台主持人，過了好些年重新回到職場找工作。

　　通常為了愛情離開工作的女人，也常會為了失去愛情而離開家庭。她告訴我因為先生感情出軌，兩人

表一 在臺灣女性擁有房子的比例持續上升

	2017 年		2021 年		近 5 年增減百分比
	女地主人數	女性佔比	女地主人數	女性佔比	
臺北市	476,047	51.9%	494,130	52.4%	0.5%
新北市	835,046	50.4%	898,285	50.8%	0.4%
桃園市	424,990	47.8%	467,388	48.6%	0.8%
臺中市	489,121	47.7%	528,813	48.3%	0.6%
臺南市	346,164	41.7%	374,617	42.8%	1.1%
高雄市	477,325	46.6%	510,979	47.3%	0.7%
全臺	3,861,636	45.4%	4,137,300	46.3%	0.9%

資料來源：內政部地政司。

吵吵鬧鬧之後離婚了。慶幸的是在她當家庭主婦前，手上有筆閒錢，她在宜蘭礁溪花了不到 100 萬元買了一間中古小套房，離婚後至少還有「家」可歸。

的確，臺灣購屋痛苦指數很高，租房用「精打細算」來看，似乎痛苦指數沒那麼可怕，但是不管你已婚、未婚，或是單身、有伴，有自己的房子，總是比

較有保障。因為房子是資產，進可攻退可守，至少可以拿來借利息比較低的貸款應急。未婚時「啃老」似乎很正常，住在家裡很習慣，可以省房租跟飯錢，爸媽也不想讓你搬走，所以很多人想：何必買房找麻煩？買了房子，就算家人幫忙負擔些許頭期款，後續裝潢費很貴、房貸與獨立生活都是成本，加上薪水原地踏步，買房動機也就一年一年被澆熄。

不過也有人很年輕就未雨綢繆。住在家裡卻咬了牙，幫自己買一間房子，把房子租出去，為自己創造被動收入來源。我們來為我這位其實還在「繼續啃老」的朋友製作一個簡單的個人財務記帳表：

收入：

每年薪水加獎金 60 萬元

每年房租收入 24 萬元

支出：

每年個人林林總總花費 30 萬元（這就是住在家裡的好處，根本就是女兒賊哈哈哈，能吃爸媽的就吃

爸媽的），房子總價大概 1,500 萬，當時貸款 7 成，貸款利息目前大約每年 15 萬元（五年內沒有還本金，已經按照本書出版時的利率調整），每年可以省下來的金額是 39 萬元。

看起來房租收入跟貸款利息（還要算入頭期款的機會成本）好像沒有差很多，但是她多擁有了一間房子。爸媽對於她的啃老行為也沒什麼意見，還到處跟人家說我女兒很會想，已經有自己的房子了。

「找看鄰居的實價登錄表，嘿嘿我的房子漲到了 2,200 萬元！」疫情之後通膨很嚴重，房子在六都都漲得很兇。雖然還沒有賣掉，實在不能算是她賺的，但是她的未實現獲利畢竟也漲了 700 萬元。

英國女作家維吉尼亞‧伍爾芙說：「一個女人如果想要寫作，一定要有獨立的經濟能力，還要有自己的房間。」我從小就被這句話說服了，再加上後來一直擠那種 8 個到 16 個人的宿舍，實在沒有隱私權。我一直很希望自己有獨立的生活空間，所以很早就買

了房子。

當然那時候薪水不高，房價也還好，我花費也少，沒有現在女性買房的負擔那麼沉重。不過在我看到的所有女人之中，房子帶給她們的安全感，基本上似乎都比男人要強，這是真心話。

就心理層面而言，女人買的不只是一個可以住的地方，更是可以為妳遮風避雨，沒有人能把妳趕走的地方。如果房子是妳的，當妳跟同居的男朋友吵架，走的是誰？當然是沒有房子所有權的人嘛！

買房前自我對話，買後不後悔

有關女性購屋前，有幾個問題值得「自我」討論：

❶ 你需要什麼樣的房子？

女性購屋比較衝動或看「感覺」？我不這樣認為。大部分女性是務實主義者，曾有人說：擇偶就像

買菜，在步入「市場」前，就該知道自己要買的是什麼。因為如果你沒有清楚的目標或條件，就無法做出符合自己需求的決策。

買房何嘗不是如此？請列前三名標準清單，不要像擇偶條件一樣模糊，說什麼「我愛他就行了」，記得考慮「代價」：妳能負擔的貸款總額，並且思考妳的工作穩不穩定？

❷ 你的願望值多少錢？

從過去的調查來看，女性在決定購屋的條件與男性確實不同。在生活水準上會比男性更為講究，男性可能回家只要能上網、睡覺就好，而女性會更重生活品質。另外女性普遍也更注意安全需求，除了屋況本身，周遭環境（荒郊野外或風化區）等都是觀察重點。

買屋清單比擇偶清單容易多了，在於擇偶條件無法標價，但是買屋清單可以有價格標準，清單再完美，買不起也沒用。提醒自己，房子不會像愛情一樣多變，不會翻臉如翻書，它會給你如同混凝土與鋼筋

般的承諾。這樣一來你才知道自己的「夢想」值多少錢？以及你需要花多少力氣去追求。

❸ 為了買房你願意付出多少代價？

除了要估量夢想的價格，還要知道自己的能耐。這裡的能耐指的不單是你有多少錢？還有你願意為此付出多少代價。不管是存頭期款，或者是後續繳房貸，你的生活勢必會受到影響。

還算低利時代，如果可以使用寬限期不必先還本金，就不要客氣！用寬限期，五年內只付利息，不付本金，好處是可以維持生活品質，並且有多餘的資金注入其它投報率較高的 ETF 或股票，也還有筆應急用的生活資金。

❹ 要買套房、兩房還是三房？

如果有足夠的錢，你要買幾房呢？當然錢多幾房都可以，但是房間多維護成本高，而且如果你住在城市中，常常會有「免費住客」搬進來。我的一個女性朋友就有這樣的經驗。她在臺中工作，家人也都在中部，運氣不錯，五、六年前在房子還滿便宜的時候，

她就買了一間 4 房的老公寓。

不過後來的狀況有些失控，因為家人覺得妳只有一個人，幹嘛住那麼大一間？

當妹妹到臺中求學，搬來跟她住，怎麼可能收房租？問題是妹妹還真大方，大學畢業之後連男友都帶進來同居了，反正住同一個房間。

弟弟後來也在臺中工作，既然妹妹可以住進來，他也就順理成章。所以也占據了一個房間，當然也沒有付房租及水電管理費。而且也常常找朋友來家裡一起打電玩，半夜戴著耳機吼得好大聲。

剩下的一個房間呢？某一天她看到表姊也提著行李過來，因為他爸媽認為表姊離了婚真的很可憐，請她暫時收容。不只表姊，還有兩個三歲以內的孩子。「這是原罪嗎？我的房子竟然變成親友收容所！」一直到目前她還是沒有解決這個問題。

「我都氣得想搬出去，可是這個房子是我的啊？為什麼要我離開？」這個問題很難解決，尤其對於「一個好人」來說。所以房間愈多愈好嗎？當然不

是，每個人的需要和家庭狀況還有家人組合都不一樣。如果我是一個單身的人，我會選 2 房。如果是購買投資房，我也會選 2 房。在海外投資，如果買的是預售屋的話，我也選 2 房。2 房當然比 3 房 4 房便宜很多，而且容易轉手。

未來兩代、三代同堂少，少子化，各大都市的 4 房房型已經不好轉手。相較於 2 房或 3 房的房型，還是市場上主力趨勢，未來也比較有人承接。

⊗ 夫妻買房，要登記誰的名下？

夫妻共同出錢買一間房子，房子應該登記在誰名下？若你在結婚前就已經買房，就不需要擔心這個問題，未來不管婚姻狀況如何？你原來的就是你的。

如果夫妻婚前沒有特別約定，那財產的分配方式就是走法定財產制，除非被控明顯「對於婚姻生活毫無貢獻」的狀況，也就是你不養家、沒出力、白吃白喝、不見人影……否則離婚後財產各半分配。

至於什麼是對婚姻的貢獻與協力？在 2020 年民法第 1030-1 條修法後，給出了比較明確的參考指標：①家務勞動②對子女的教養照顧③對家庭的付出④同居與分居的時間長短⑤婚後財產取得時間⑥雙方經濟能力。根據這些項目的比較，可由法官自由心證來衡量財產分配的比例。

　　不過清官難斷家務事，這些攻防戰是非常勞心傷神、費力的。血淋淋的法律沒說的事，就是我們得爭氣一點，最好婚前就靠自己買到一間小房子，只要能住人，此生就有遮風避雨的所在。如果是婚後賞房，絕對不要單純到只登記在誰的名下，就以為那是誰的，一起購屋共同登記是必需流程，免得辛辛苦苦一起繳房貸，最後要離開時走入狂風暴雨中的人是自己。

　　這話不好聽，但醜話說前頭，比較務實。以上各種糾紛都是確實發生過的！

鍊 金 筆 記

不是敗給不想，是敗給不敢想，不是敗給不敢想，是敗給沒有做！
打破自我受限，打破自我歸咎，打破自我評斷，是每個女性都要有的省思。

12.
海外投資房地產，哪些眉角不可少？

　　「漲、漲、漲」，疫情明明為難了大家好幾年，讓我們不但失去旅行的自由，而且面臨生命的威脅，但世界各大都市的房子到底在漲什麼？連東京都在漲（話說全日本的漲幅不代表東京漲幅，因為這個老化國家的偏遠地區根本沒人住、沒人買，不會漲）。

　　根據全球房價指數 2021 年第四季的統計，在接受調查的 56 個國家裡，全世界房價漲幅前五名分別是土耳其、紐西蘭、捷克、斯洛伐克與澳洲，這裡面也有單一國家「貨幣貶值」的因素（不管怎麼主張，用美元算起來其實一樣），以土耳其來說，因為貨幣「跌跌」不休，房地產被視為保值工具。雖然感覺漲幅第一名，但也不要太高興，相對於美元未必

有漲喔。那幾個主要市場的房價也是水漲船高,美國 18.8%、南韓 18.4%、德國 12.4%、英國 10.8%,就連日本也有 9.2%,大陸的漲幅只是 3.6%(也不是某些人所想像的大跌喔)。

整體來說,全球房價在 2021 年上漲了 10.3%,這份報告也直接說明:因為通膨,2022 年可能還會繼

圖一 2021 第四季全球房價漲幅排名

① 土耳其 59.6%
② 紐西蘭 22.6%
③ 捷克 22.1%
④ 斯洛伐克 22.1%
⑤ 澳洲 21.8%
⑥ 荷蘭 20.3%
⑦ 美國 18.8%
⑧ 南韓 18.4%

資料來源:Knight Frank's Global House Price Index

續穩穩地上漲。

如果你是首購族，拜託不要考慮什麼海外不動產，在臺灣買第一間房才務實。除非你有特別的工作需求，例如被長期派駐海外，或錢很多花不完，否則本章也可以不要看。若只是因為想在別的國家有個「行館」，我覺得你還不如把錢省下來住五星級飯店就好。相信我，選你最喜歡的飯店住，不管怎麼樣都比海外買房划算。

大體而言，會想在海外置產的人，多半也是抱持著投資和分散資產的想法。有哪些應該注意的眉角呢？

🧑 第一，找當地有牌的仲介吧！

想要在海外投資不吃虧，練好當地語言恐怕也來不及，建立當地的人脈，直接跟當地的建商或仲介打交道很重要。不然你常會遇到「臺灣人騙臺灣人」的問題，因為資訊不對稱嘛！

在我看來，那些會招待你去看房，幫你出旅費，

都是「羊毛出在羊身上」。在海外對你小氣的仲介，還可能比較正派（我只是說可能，我也遇過小氣但是不正派的）。

我記得有一次，有朋友招待我到東南亞的某國去玩（我真的沒辦法講得太明白），同團都是貴婦或是主要顧客。雖然我們目的是為了玩，也玩得很開心，但天底下沒有白吃的午餐，還是要去看看他們推薦的房地產。那個物件位在當地某一個知名的購物中心附近，當然是一片未開發區。

招待者一直強調這裡的潛力很大，而且價格很便宜。不過，我後來到那個購物中心去逛街，竟然發現有該國知名仲介也在賣同一個房地產！喜歡偷偷脫隊去逍遙，雖然是不太有團隊精神的行為，但也讓我發現一個巨大的祕密：招待我的那個建商每坪約賣 35 萬元，但是購物中心那個該國知名仲介在賣的價格只有每坪 18 萬元！如果我買了，我的旅費就會變得十分高昂！

大家如果還有印象的話，2010 年左右，臺灣還

曾經發生南寧購屋的詐騙案！南寧案大概可以寫一本書，簡單地說就是「臺灣人騙臺灣人」最佳經典詐騙案。名列臺灣人在大陸詐騙臺灣人的重大吸金犯罪NO.1。

以臺灣人為首的詐財集團總以「僅需支付機票費用，食宿全部免費」，讓你到廣西省南寧市旅遊及投資考察，並說幾個當地知名的商業園區、商議廣場、長壽村等重大建設，都是靠著官方關係，和南寧市政府一起運作的「純資本運作」。手法還有安排民眾到詐財集團成員之豪華住所參觀，使大家誤以為合法且利潤豐厚。（這個氛圍跟某些非法直銷實在很像）實在太無拘無束了，隨便在路上指著一棟大樓，就要你買，其實他根本沒有所有權！

類似的詐騙案其實一直到現在還是層出不窮，大家好了瘡疤就忘了痛（應該說過去的瘡疤並沒有長在自己身上，所以不會痛，總以為別人比自己笨才會被騙）。說真的，臺灣房子很貴，而且投資獲利的空間也沒很高，未來少子化也會慢慢地威脅房價，近幾年

房價真的是因為通膨因素而上漲的。但是無論如何，你被騙的機率比較低。

臺灣有一些上市仲介公司，也有販賣海外房地產。雖然知情的人都明白，如果在房價漲這麼高的時期銷售不完，還要賣海外物件，通常裡面還是有一些「眉角」。而代為銷售的仲介公司利潤也不少。不過，無論如何，跟他們買你比較不會遇到詐騙吧？至少保證你還會擁有所有權。如果你真的要買，還是要透過有知名度的仲介比較好。

🧑 第二，選擇比較不會失寵的物件

以我的投資經驗來看，2012 年代表公司到日本投資，我們也曾經跟當地的公司合資當建商，我才知道現在日本蓋房子真的沒那麼好賺。我們搞了二年，前前後後加起來大概只能賺 15%，還有相當高的營業成本、行銷成本要支出，獲利沒有大家想像那麼多。當年如果只做租賃，每年報酬毛利率還有 7 到 9%，

不確定性較高的獲利年限較久，獲利其實比較高。

租客選擇也是關鍵。在日本大都會區，我喜歡可以租給餐廳或飲食店的物件。這些不動產符合都市人的剛性需求，比如東京，其實沒有那麼多人在家煮飯，外送不像臺灣這麼便宜，所以就算疫情再嚴重，外食市場還是很旺盛。餐廳也沒被強制關閉，商家還有機會得到政府補助，所以我們管理公司因疫情而退租的房客，只有約十分之一。

講直白了，很多人說海外投資多好賺，商業模式再厲害，但是沒有找到對的人幫你探路，以及自己沒有仔細調查市場現況，都是很危險的事。

🧑 第三，問自己，為何投資海外房？

人都有追逐高價的本能，看到價格漲了會想追，不管是股票或是房地產都是如此，但房地產花的錢比股票多，兌現不易，交易成本也大得多，值得追求漲嗎？

在上一本《人生實用商學院：誰偷了你的

錢？》，我解釋過自己買房的「動物經濟學」：投資房有三種，雞、豬跟馬。雞是生蛋用的，也就是領租金；養豬的目的則是讓牠長大、長胖、然後賺價差。馬呢？不會生蛋，也沒有養肥來殺的價值，就是騎在上面拉風，滿足虛榮心。

東京的房子是雞（拜託，可不是全日本都可以買喔，比如北海道，拜託你去玩玩就好）。這個國家不但進入已開發社會，也進入老化凋零階段，經濟欲振乏力，成長幅度有限。就像雞本身體積（房價）漲幅有限，但好處是會生蛋，雖然不多，但養個十年，長期累積下來也相當可觀。暴富不可能，你就收租吧！

當然也有投資者不僅收租，還順道賺了房價。但五年內轉移，政府收的稅高達 35% 到 40%（資本利得），如果你五年內可能會轉手，拜託不要買！

像我們公司當年和某國外銀行談了個好條件，借貸利率 0.9%，當年租賃投報毛利率有 8 到 9%，扣掉一些費用，我的報酬還有 6% 到 7%。雖然房價不怎麼上漲，但是我只要持續持有，並且把賺到的現金繼

續投入市場（注意，投資房子也要運用複利作用！不是把錢拿去花掉），用 72 法則計算，十二年我們公司差不多就從日本市場回本了。

為什麼租屋投資報酬率這麼高？因為東京是全日本工作人口最多的地方，但房屋自有率不到 40%，加上東京房價的確只剩下 1996 年的二分之一到三分之一，這就是為什麼在東京的租金報酬率高的原因。不過，現在以日圓來看，房價也高了，投報有 4% 就偷笑，值得追漲嗎？你錢多我當然沒意見。

第四，當對的國家遇到倒楣事，也可能會賺錢的

這是學巴菲特說的：當好公司遇到倒楣事……你要勇敢一點。沒有人有預知能力，理財也不需要預知能力，投資的意外常常發生，只要你有做好避險，那就不用擔心。不要期待每一次出手都賺錢。就算那些知名的創投公司，投報率有 1 成就不錯了。而人家用

的是眾籌的資本，口袋比你深得多！不過話說回來，投資房子雖然也會失算，但也比投什麼「未上市公司」、「新創企業」保本率高。

　　即使在創投制度最成熟的美國，各大創投集團平均每年支持 4,000 家新創，最後能成功走到 IPO（公開上市集資）的，往往不到 40 家。夠嚇人吧？達標率是 1％。如果還要算上被收購的退場案例，總體能產生回報的機率也僅是 10％。你會問為什麼還有 10％？因為只要有一個成功了，變成了蘋果或者特斯拉（這是隨便舉例，因為過程也沒那麼簡單，他們也曾經瀕臨失敗），一切就值得了。只要成就一個女王蜂，工蜂們大部分都死掉也沒關係，這樣說好像很殘忍，但是創業成功本來就是很難的事情。

　　創投獲利 10％ 而且風險很大，買房子可恆定獲利 6％，風險則沒那麼高，這可能就是當時我和本公司股東們一起選擇投資東京房子的理由。是的，我不帶種、膽小又怕損失。千萬不要以為敢到海外投資的人就很勇敢，這一定要有長期抗戰的打算。感覺就像

《三國演義》裡諸葛亮到了蜀地，什麼都要管，什麼都可能發生，甚至後來鞠躬盡瘁，死而後已。雖然十二年過去了，公司也回本了，但中間過程實在是滿辛苦的。

說實在的，如果早知道過程會那麼複雜，一開始我會鼓勵全體股東，有錢都買 ETF 算了。

在這裡還可以告訴你一個小故事：三一一地震那一天，我們公司的律師正代表公司簽約要買下一家飲食店。那天律師還打電話來說，日本發生了大事，他說這個時候是可以終止的，不要簽約。我那一整天都很忙，很豪氣地告訴他：我們要講信用，怎麼可以到場還不簽約？簽完約之後，我才發現日本發生了三一一大地震！

約都簽了，後悔也來不及呀，還好那個房子買得很便宜。他其實是個法拍屋，在 2000 年左右，房屋的擁有人竟然用這個房子（位於淺草的居酒屋）借了 1.2 億日圓，而我們買到的價格只有 2,600 萬日圓左右。你可以說這根本就是貪小便宜，不過我可以把記

帳本簡單的給大家看，一直到 2022 年，這承租人還一直在開店，也沒有欠繳過房租。房租收入每年 480 萬日圓，扣掉管理修繕費以及房屋稅，至少還有 400 萬日圓。十二年就是 4,800 萬日圓，早早就超過了房價！

這個房子至今還沒有賣，居酒屋的業者一直想要跟我們公司買，我們連理都沒理他。主要是因為他出的價格實在太低了，他一直記得我們只用 2,600 萬日圓買這個房子，以為我們賺一點就可以收手。天底下哪有此等好事？過去的價格屬於沉沒成本，我們這樣回答不知道他懂不懂？

關於匯率，對於長期投資而言，不會是最重要的考慮項目。關鍵原因在於日本借款利率很低。一直都沒有超過 1%，這與日本經濟低迷不振有關係。各國現在正在升息，日本不知道什麼時候才升得了息？因為一旦升息，好不容易恢復一點溫度的經濟，可能又被掐住脖子窒息了。

日本應該是全世界最不容易升息的一個國家。如果

連日本都可以升息，那就表示全世界的通膨已經到達滿水位！每一個國家，投資的好處與壞處，就像錢幣的兩面，就看你從你自己的角度來看，好壞在哪裡？

雖然地震確實影響很大，日圓重貶，有長達三年時間很多「投資專家」笑我賺了租金，卻賠了房價跟匯差。短期來看，他們說得對，但我們就是效法德川家康精神：活得長命你就贏！事實證明，地震不管在股市或是房地產，對於這些習慣唱搖籃曲的國家，都是屬於短期的震盪現象。它的確衝擊了日本人民與產業的生計，但是從總體經濟的角度，並沒有動搖國本。

我當時是在日本貸款借日幣，日幣貶值對我來說反而是債務減輕。此外，既然沒有要賣房子，賣房造成的匯兌損失跟我們就沒有關係。無論如何，長期投資才是王道，不管你投資什麼。

鍊 金 筆 記

沒有「用戶價值」的事情最好別做！

當一個商人只想到要自己賺錢，自己成功，不

去想對用戶能有什麼幫助的時候？

我認為他沒有能力繼續做生意！

第 3 篇

心法

樂觀的腦袋，是人們真正的財富

13.

黑鑽定律：想走向成功，先學會「遮蔽社會給你的負面信號」

你相信吃得苦中苦，方為人上人嗎？請為這句話打一句問號，問自己：想成為成功的人，除了吃苦，你還能做什麼？

煤炭與鑽石組成元素接近，但價值天差地遠。雖然人們習慣這麼形容，鑽石熬過千萬年的高溫與壓力，最終鍛造出它的不菲價值。但事實上，煤炭同樣經歷了長久的地質作用，煎熬可沒比鑽石要來得少。

所以，真正的差別並不是時間與努力，而是面對外界壓力的蛻變方向。鑽石是世界上最堅硬的物質，不論火燒或重壓都無法改變形狀。但煤炭不只硬度完全比不上鑽石，而且只要經過火燒，就會釋放熱能，

成為人類的能量來源之一。

　　一個人是不是人才，面對壓力的能力以及面對壓力後是否能調整方向，絕對是首要指標。學歷、經歷當然重要，但是再優秀的人如果無法面對、處理負面信號，簡單地說，就還是一塊只能被燃燒的煤炭。

　　這就是管理學「黑鑽定律」（Black Diamond Law）最基本的原則。你首先要拒絕負面信號，才有可能讓自己從千錘百鍊中生存，而不是被壓力壓垮。

　　想要提高人生成功率，有兩個重點，缺一不可：

❶ 消化這個社會給你的負面信號。
❷ 深入挖掘自己的真正才能。

🙎 改變世界的二刀流

　　舉個例子，若要談到 2021 年全世界最讓人印象深刻的運動員，非大谷翔平莫屬。他是近百年來美國大聯盟少有的頂尖投手，也是很厲害的打擊手。「二

刀流」這個詞源自於日語，本來是指雙手持刀發動攻擊的武士劍法。是指在一些「團體戰」的比賽（譬如，棒球比賽），進攻和防守都很出色的球員。棒球比賽中，同時擅長投球與擊球的球員也被泛稱為二刀流。那一年他在投手丘拿下 9 勝 2 敗，防禦率不到 4；在打擊區更轟出 46 支全壘打，差一點就拿下全壘打王。

但在這個球季以前，大谷翔平因為堅持他會投、也會打，曾經遭到球界專家的嘲笑。認為這在職業賽場根本行不通，他應該務實點，專注鍛鍊投手或打者其中一個身份就好。甚至因為日本投手在大聯盟過往成績普遍低於預期，評論員也把這種刻板印象套在大谷翔平身上。

但全世界都錯了，大谷翔平證明自己是對的。不是美國職業棒球改變了他，而是他改變了職業棒球界的普遍「常識」。

只要你相信自己有能力，你就要為自己堅持下去。

心理學家研究說，當身邊的環境將某種負面刻板印象套用一個人身上時，大部分的表現肯定會受到負面影響。而且當這個目標難度愈高，負面信號的影響也愈大。

舉例來說，史丹佛大學心理學者史提爾將一群數學成績優異的白人學生隨機分為兩組，同樣解答 18 題數學題目，他告知其中一組人「亞洲學生在這個測驗成績比較好」的負面信號。結果多次實驗顯示，被賦予負面信號的這一組學生，答對題數比另一組平均少了 3 題。

這種因為刻板印象導致個人表現的落差，又稱為「刻板印象威脅」，最常發生在兩種狀況，種族與性別。史提爾也針對性別做了類似的實驗，同樣是成績優異的女學生，一組被告知「女性在這項測驗表現較差」這項負面信號，另一組則是對照組，結果同樣讓人訝異：沒有接收負面信號告知的組別，成績要遠高於實驗組。

🔘 如何逆轉負面環境，創造正循環？

首先，要知道負面信號是一場長期抗戰，必然要付出代價對抗或消化。

美國前國務卿季辛吉，是標準的猶太菁英。哈佛大學畢業，擔任過美國國家安全顧問、國務卿，拿過諾貝爾和平獎，可以說是有史以來美國最有影響力的外交官。但很少人知道他剛從納粹德國逃到美國時，白天在工廠工作，晚上才能去高中念書，而且成績只有 C，英文還是他最弱的科目。

經歷過民族悲劇的季辛吉很清楚，唯有考上頂尖的學校，他才能夠從困境中翻身。他自此遮蔽了所有負面訊息，眼裡只有哈佛大學的入學申請書，斷絕不必要的社交往來，一直到後來進入哈佛，依然是同學眼中的怪異人士（大學不社交的外交官，反差真大）。

在我們所處的華人世界要擋住負面信號，會比重視個人主義的西方世界壓力更大。社會普遍期待我們

應該謙虛不自滿、要承讓、不要爭，對女性更有著溫良恭儉讓的不成文期待。這讓我想起曾經有朋友諄諄告誡我在 Podcast 要「更溫柔一點」，才能撫慰人心，我想這就是一種對女性的性別刻板印象。如果我用撒嬌的聲音「傾訴」世界經濟大勢，我真不知道你會相信我嗎？不是所有節目都在午夜談心啊。

對於別人要把負面框架加諸在你身上，真的不必太花力氣反擊，用實際行動說話，才是對的。與其唯唯諾諾或陽奉陰違，不如就做你自己吧。當負面信號和批評不斷逼近，你要很清楚地知道，那個不是我要的。你不是我，你也沒有權力指導我，你的誤解是你的問題，不是我的問題。

第二，你要找到可以帶來改變的正面信號。

當你知道自己不要什麼，下一個問題就是，你要什麼？

捫心自問，你知道自己要什麼，想過什麼樣的生活，想達成什麼樣的目標嗎？有了這個答案，在面對外界負面信號時，你才有堅實的心能直球對決，成為

無人可摧其堅的鑽石，而不是被迫吸收、承受，變成燃燒之後化成灰燼的煤炭。

你必須找到能為自己帶來改變的正面信號，一個促使你持續挑戰的目標。不過尋找正面訊號並且為之努力，同樣是一場長期抗戰。如果你想提昇自己，請謹記在心，人生每一段奮鬥過程，其實也會為你帶來更多的負面信號與疑慮，愈想變好，逆風壓力一定愈大，你為自己做的準備才是成功的必要條件。就像孫子兵法所說「先勝而後求戰」，指的正是在打仗前做好足夠準備，而不是先打了，才開始思考如何打勝仗。

⊗ 財務規劃，如何擺脫過往的負面信號？

在理財課題上，我們要抗拒負面信號的難度也很高。為何？我們得先好好面對自己產生的負面信號：我的薪水太少、父母不夠有錢、錢不夠花、錢花太多、衝動消費、或面臨黑天鵝短期內的投資績效實在

糟糕。

如果你有這些「症狀」，請注意，負面信號與逃避心態可能找上門了。「我就是沒那個命」會製造負面循環，讓自己的理財信心更形惡化，你也可能覺得放棄自主權比較輕鬆，被別人牽著鼻子走。

以理財來說，如何「奮力向上」呢？你需要自我覺察：

首先，直接面對自己的投資狀況，你記帳之後有定期回顧嗎？還是只是為了記帳而記帳？你是設定每個月的消費目標，再把卡拿出來刷；還是等看到帳單，才知道自己這個月花了多少錢？

第二，找到問題並設定解決方案，才能知道哪些是你必須當下解決的問題，哪些是長期才能解決的問題，又有哪些是必須要過濾掉的負面信號。當別人對你炫耀投資績效，你應該要跟著下猛藥拉高財務槓桿，買進高風險個股？還是抗拒或消化不必要的負面信號，持續往既定理財計畫前進？

理財不是在比績效，人生也不是在爭排名。只要

你有著堅實的認知，維持紀律就是你最重要的課題。
至於打分數、比排名這種事情，就留給其他人擔心
就好。

鍊 金 筆 記

那些「出類拔萃」的人正是在生活的早期，就
清楚地明瞭自我的方向，並且始終如一瞄準目
標的人。

世界上最大的謊言是你辦不到，世界上最大的
說謊者是騙自己的你。

14.

打造希望感，累積心靈財富

　　雖然理財很重要，但請你不要把理財變成人生唯一的重心。有些人捨本逐末，對於理財過於積極主動、過度關心，其它任務反而「二二六六」、敷衍了事，忘記了人生目標，理財是為了讓人活得更好，但是人生目標絕對不是有錢就好。

　　總覺得自己的挫折是源自「沒錢」的人，可能意謂著你的窮是從「想法」開始的。你應該問問自己，你是因為沒有錢，所以無法積極追求生活？還是因為沒目標、缺乏熱情，也不積極行動，所以無法致富？

　　透過正向心理學與「希望感」，足以活出心花怒放的人生，那麼你的理財才有意義。了解理財不是目的，只是手段而已，才會讓你的理財充滿意義。

🙍 運氣不好？可能是你沒看到機會

多數人對希望感有兩種常見的誤解：第一，希望感來自優勢（例如「有了富爸爸，人生才有希望」）。或第二，希望感來自對美好生活的空洞想像力（像「只要抱持著希望，就有機會」）。

通往美好生活的主動權還是由行動力決定的。

英國心理學家懷斯曼曾做過一個超妙的實驗，他找來兩種人參加，自認為好運的人，以及自認為缺乏運氣的人。懷斯曼給他們一份報紙，並請他們計算這份報紙有幾張照片。他發現：自認缺乏運氣的人會悶著頭開始數，但自認好運的人很快就能知道答案——因為他們注意到，其實報紙頭條就寫道「別數了，報紙上共有 43 張照片」。

這個實驗告訴我們什麼？懷斯曼發現，自認為不幸運的人往往容易緊張或焦慮而不識「大體」，使得他們眼光只看重在小地方、小目標，大大削弱其發覺意料之外機會的可能性。反之，幸運的人不受限於解

決問題的方法，更能好好觀察、思考不同的可能性。

簡而言之，你以為機會沒找上你，但其實是你沒看到，只想到眼前的問題，沒有把眼光放大放遠。

在理財的過程中，你可能也會發現，為什麼有些人總是運氣特別好，為什麼他們總能看到意想不到的機會（說真的，我認為這些人只是習慣報喜不報憂），而我就是天生倒楣？這時候與其去埋怨時運不濟，提升自己的「希望感」可能更有助於解決人生的問題。

⊙ 希望感：主動達成目標，而非被動等待

如何主動培養希望感？在 1994 年提出希望理論（Hope Theory）的堪薩斯大學心理學家斯奈德認為，希望感就等於達成目標的行動力，加上達成目標的計畫與策略。

先訂定目標，並且規劃路徑，再加上堅持下去的行動力。換言之，「希望感」是一種主動的、動態的

精神與熱情，不斷與環境互動的應變歷程。

相信你已經看到重點了：面對問題企圖解決的態度策略思考，決定了你這個人是否「有希望」。古人說「小人恆立志，君子立恆志」，想積極向上的人很多，但有策略且達成目標的人卻少之又少。沒有方向感也不盡人事，只想聽天命的人，講白了就是拿自己的人生或財富在賭博──而且我們都知道，十賭九輸。

這也是我很喜歡到商學院讀書的理由，和喜歡做生意的原因。從商是講究策略的，也就是如何達到目標，要有達到目標的步驟。

所以我們要如何增加希望感呢？我在上海「中歐國際工商學院」的心理學老師──北京清華大學心理系教授彭凱平認為有四個方法：

第❶ 面對挑戰，培養目標導向的思維。

多數人不會因工作而感到幸福，是因為缺乏明確的行動目標，或工作內容與心中目標不符，人在曹營心在漢。因此建立合理的目標，就是建立希望感的第

一步。

但如果目標太過虛幻，無法轉化為實際行動，就會淪為空談。管理大師彼得・杜拉克給了一個幫助我們設定目標的方法「SMART 原則」：具體的（Specific）、可測量的（Measurable），可達成的（Achievable）、相關的（Relevant）與有時限的（Time-bound）。舉例來說，新的一年你想要「提升英語能力」，這樣的目標當然不夠具體，你的明確行動是什麼？量化目標又是什麼？如果改為「在半年內完成線上英文課程，並且檢定成績要成長 10%」，這樣的目標會更有利於執行。

縮寫	意義	解釋
S	具體的	明確且具體的行動
M	可測量的	可計算的基礎或單位，通常為量化指標
A	可達成的	符合自身能力
R	相關的	與主要目標相關
T	有時限的	規定在一定時間內達成

第❷ 以開放性思維找到成功的方法。

愈有創造性的人，就愈有希望感。就像剛才懷斯曼的實驗，鑽牛角尖、只會乖乖按照指示行事的人，視角淺窄沒有辦法做全盤考慮，就會忽略更有效的作法；當情勢發生轉變時，反而會不知所措。

我在旅行中遇過這樣的朋友，原訂今天要去 A 博物館，結果一去發現 A 因故臨時休館。他馬上悶悶不樂覺得自己很衰，影響一整天的行程。這樣的人，沒彈性，只要想做的事情被扯掉一個環節，就不知道如何進行。

事情並不總按照你希望的方式進行，就算你胸有成竹，也要準備其它備案。你可以透過備案，就算某些事悖離你的預期，仍隨機應變來達成目標，才不會讓世事無常影響你的希望感。

第❸ 面對壓力時，用行動脫離困境。

大家都會說，心動不如馬上行動，面對壓力也是如此。應該當機立斷，主動跳脫把你困住的情境，激勵自己繼續前進，避免陷入鑽牛角尖的決策陷阱。

當人深陷壓力中，就像古人所說的，「一葉障目，不見泰山；兩豆塞耳，不聞雷霆。」，一點小事就能影響你的決策品質，影響你的情商，事後還得付出更高的代價才能挽救。

第❹ 落實時間管理。

要保持人生的主動性，就要降低讓自己「被迫行動」的可能性。如果一個人常常被時限追著跑，他勢必要為了避免逾期而採取各種應急措施，甚至不斷為自己找藉口，在理財上也會造成費用超支。例如上班快遲到了，所以只能搭費用較高的計程車，這些懊悔的情緒，在事後都會累積為負面情緒，削弱你的希望感。

⊗ 改變比較心態，打破零和賽局迷思

除了主動性，打造希望感還要打破另一個迷思，那就是打破零和困境。

所謂零和賽局，簡單來說就是你贏我輸、你死我

活的思維。這通常發生在職場競爭上，但事實上在生活、家庭也隨處可見。多數人都希望自己的目標必須 100% 達成，不能讓步，因而總變成「別人的快樂，必然建立在我的痛苦上」的狀況。

如果你還用這種方式看待人際關係或商業競爭，就代表你的思考路徑被限縮了，陷入比較心態，動不動就怕別人比你好，反而無法專注在真正重要的目標。在競爭中變成一個沒有自主權的棋子，也會變得目光如豆。

請看自己的目標，忘記競爭排行榜。

甚至你要忘記所謂的外在評價。

心理學家馬斯洛曾經在他的書中寫到：一個人最穩定和最健康的自尊，不是建立在外在的名聲、聲望以及毫無根據的奉承之上。但很多人不明白這個道理，渴望得到「大家的讚許」，並以為這就是希望感，其實是不自信的表現。

👤 自信，來自自知之明

那麼自信主要是在哪幾方面體現呢？首重自知！有自信的人比較有自知之明，你能不能做到一件事情？你自己是否可以評估得很清楚？你知道自己的優點和弱點嗎？在這裡透露一個小祕訣，雖然我年紀已經大到不必求職，但在這兩年考上兩個博士班，都和 SWOT 分析有關。什麼是 SWOT 分析？用表來談比較快。

圖一 SWOT 分析（又稱強弱危機分析）示意圖，透過分析 S（優勢）、W（劣勢）、T（威脅）與 O（機會），了解自身在市場上的競爭定位，並據此規劃策略

表一 我自己做過的 SWOT 分析

SWOT 分析		
外在因素	內在因素	機會點和危機點
O（機會）	S（優勢）	突破關鍵點
1. 已擬定 DBA 研究方向。 2. 個人投資和公司業務跨國際布局。 3. 四年內可全力投入學習。 4. 個人的國際化背景和總部 DBA 的國際化特性匹配。	1. 熱愛求知。 2. 成績優異，擁有多個學科的本科和研究生學歷，中歐 EMBA 畢業。 3. 多元文化背景。適應和喜愛歐洲文化。 4. 語言能力支援國際 DBA 專案。 5. 樂於交流和互動，互學共進。	1. 將博士的論文方向和自己課程的國際化特徵相結合。 2. 勤能補拙，充分利用時間投入學習。 3. 以交流促進學習。
T（威脅）	W（劣勢）	解決關鍵點
1. 上課不便，瑞士和上海皆需飛行前往。 2. 疫情阻隔。	1. 年齡。 2. 數學模型的搭建經驗不足。 3. 事業體量不大，缺乏大型公司領導經歷。	1. 學習和論文期間，發揮同學的互補性。 2. 研究點著眼於某個細分領域，跨國分析。

在日劇上常看到，有人失業，卻每天穿西裝到公園裡面，坐著發呆看手機。其實他也沒有去找工作，卻始終說不出他失業。但其實隱瞞比向家人坦白要糟很多。

第二，自信的人，生活中充滿積極向上的心態，比較喜歡跟有自信的人在一起。一碰到問題就驚慌失措始終不能解決問題，懷疑人生當然更糟。直白的說，現實世界根本不容你沒有自信，不管你自信夠不夠，地球一樣自轉。

我曾看過一種人，缺乏自信無法獨當一面，總是將「猴子」丟回給主管，要別人幫忙解決問題，這樣自己就不用負責任，我會告訴他，你是要來解決問題，不是來製造問題的。請問你設定的解決方法是什麼？你可以緊張，但是不可以一味的討拍。

第三，自信的人，比較有行動力，並且勇於冒險。願意冒險的心態和希望感呈正比。閉門造車雖然安全，卻只能以管窺天。

心理學家謝立·泰勒的研究也發現，同樣罹患癌

症的病人，有自信的病人，比那些不自信的癌症病人會多活一段時間，也更能調適重大傷病之後的生活劇變。

當然，過度自信並不總是好事，可能就等同自大，沒有「地基」。什麼是地基？具體的說，就是你曾經做過的成功的事情，成就感是你的地基。

用知名心理學家阿德勒的話，可以做為這一章的結尾。阿德勒說：「我們這個時代最偉大的發現就是，人們終於可以改變對自己的認知，來改變自己的生活。」把挫折歸咎於別人或環境，是最輕鬆的。你不能再從被動等待寄望藉由「天降神蹟」實現，上天從來不眷顧懶惰鬼，請主動制訂策略，實踐自己的願望吧。

鍊 金 筆 記

如何進入積極心理學的 Flow 福流狀態呢？

第一、有一個具體、實際，可以控制的目標，
你打算完成它。

第二、不要做太容易或太難的事情。

第三、肯定對自己的行動力。

第四、集中注意力，屏蔽所有讓你分心的事情
（電子郵件、社交媒體、互聯網、手機及任何
干擾）。

當我們做到這些的時候，真的有可能進入到一
種物我兩忘，酣暢淋漓的狀態！

15.

學學馬斯克，提升自我效能感，解決最困難的問題！

　　有一種人，他的想法對當代的人來說根本是異想天開，沒人相信他的妄想會有成真的一天，但當他趨近目標時，他年少的「妄想」搖身一變，成為所有人心中的典範。

　　歷史告訴我們，這世上存在「創造少數」（歷史學家湯恩比說的），總要有人突發奇想，然後實行，推動世界文明繼續往前走，雖然開先例者都曾經被無數人詛咒過。

　　馬斯克就是這種超乎規格的狠角色，十二歲他第一次賣掉自己寫的遊戲程式，賺進 500 美元；第一次創業又順利兌現，1999 年將他與弟弟共同創辦的

Zip2 賣給康柏電腦後，賺進 2,200 萬美元。到 2002 年，因為 PayPal 賣給 eBay，身為大股東的馬斯克分到 1.65 億美元，為他日後成立太空探索公司 SpaceX 與特斯拉籌備一桶金。那年他還不到三十歲，馬斯克已經躋身前 1% 的人生勝利組，呵，應該有很多人認為他錢夠了，可以「提早退休」了吧。

⊗ 失敗，造就史上最強勝利

然而，在 2008 年，馬斯克面臨人生最大的難關。SpaceX 旗下獵鷹一號運載火箭（Falcon 1）第三度研發失敗，不斷燒錢讓該公司陷入財務困境。同一年，特斯拉燒光了投資人一億美元，第一批電動車 Roadster 僅生產 100 多輛卻還很難賣，這一年特斯拉虧損 8,200 萬美元，公司資金剩下 900 萬美元。

不過後來的故事我們都知道了：SpaceX 最終成為第一間可以發射火箭的民間企業，接了各國政府數不完的訂單；特斯拉則打敗豐田與福斯，成為全球市值

最高的汽車製造商。特斯拉的股價從 2020 年每股不到 100 美元，同年年底就衝到 700 美元，最高甚至來到 1,200 美元。

我們都無法和馬斯克一樣高標且瘋狂，不管比聰明、比瘋狂投入工作或是投資，但有一件事情是很值得向馬斯克學習的，那就是自我效能感。

所謂自我效能感，意謂著具有充分能力完成某事的自信心。具有自我效能感的人，會堅信自己的能力，就算其他人都不相信，他自己相信就好，而且充滿邁向目標的行動力。

🙍 創造自我效能感。想做，就要做到

馬斯克正是標準自我效能感極高的人，他深信只要他「能夠」，或甚至只是他「想到」，他就要做到。不管是創造不用加油的跑車，或要帶人類上火星，只要是他相信可以的，就會採取行動，一步一步往前進。換句話說，他有解決問題的能力與信心。

就算別人不了解他的思想，他也不會覺得寂寞。因為自我效能感很深的人，往往在早期就發現，自己比周圍的人更聰明或更有創造力。你說他們是天才，他們也的確是，他們知道自己與眾不同，篤信自己想法為真，不輕易被環境動搖（當然失敗者也可能成為悲劇英雄）。

　　而且真正具備自我效能的人，肯定是有行動力的人。如果你只是鼓吹夢想而不自己行動，那就會變成一個自大、自吹自擂的人。

　　馬斯克不會只出一張嘴，而是站在戰場的前線指揮。雖然他和賈伯斯一樣是有名的不好相處，卻還是能鼓舞著與他並肩作戰的人，一起朝向一個大家覺得不可能的計畫前進。就像 SpaceX 的員工說的：在這公司解決「不可能的任務」是稀鬆平常的事情，而丟回給馬斯克是最壞的處理方法，因為他會以你無法想像的方法解決看似不可能達成的目標，證明你很遜。

　　我們每次都只看到別人的成功，卻沒看到別人付出多大努力。正如前文所敘述，馬斯克在 2008 年火

箭發射成功之前，他可是內外交逼、壓力炸鍋，已到曾焦頭爛額，差點要承認自己完蛋的地步。然而他還是順利堅持撐過危機。

就像他的一位朋友，也就是知名投資專家安東尼·葛拉奇亞說的，他對馬斯克在這段時間的堅韌表現印象深刻。「就算是面對破產與離婚官司，馬斯克仍然比任何人努力工作，承受更多的壓力，並且保持專注目標不變。」

大多數人面對壓力時會很惱怒、煩躁，而且因此失去理性。而馬斯克仍能展現理智，並且做出明確且展望長遠的判斷。「凡是親眼目睹他經過的這一切的人，都會更加敬佩他。」

看一個人忍受著痛苦，還如此堅強，如此執著，我們都會對這樣的人心生敬佩。我們心中真正英雄並不是像項羽到了垓下，他說的是：「我已經都輸成這樣子，怎麼回去見江東父老呢？還不如死了算了！」那叫做悲劇英雄，而悲劇英雄絕對不是成功者。

🧑 缺乏自我效能必成魯蛇？

如何面對壓力同時保持冷靜決策，正是我們在人生中和投資與理財時經常面對的挑戰。事實上理財的原則並不難，最大的挑戰在於投資人對於堅守紀律的決心。

行為經濟學中有一個名詞叫「處分效應」（Disposition Effect），也就是當股票上漲時，投資人傾向於賣掉變現趕快獲利了結，但股票下跌時反而選擇持有，堅決反轉機會。這與人類「不甘損失」的天性有關。如此一來，會造成手上賺錢資產過早變現，被套牢在虧損資產上的時間過長。

人性的確具有「損失趨避」的特性，害怕損失的「痛感」會比獲得的「喜悅」要來得高──甚至有研究發現，會高出兩倍以上。如果賺 100 元的喜悅是 +1，虧 100 元的痛感至少是 -2！

具體來說，市場向上時，投資人很有可能會售出表現優異的股票或房產，確保入袋為安，但當市場向

下時，續抱已經虧損的股票。繼續持有那些沒有反彈能力的股票或資產，天真以為放久了能解套回本，常常讓自己損失更多。

這也是為什麼理財需要自我堅持：如果投資人缺乏自我效能感，更有可能引發處分效應。本來應該進行長線投資，卻因為恐懼眼前的不確定性，轉而選擇較「符合大眾」的決策。

當然，我們不必然要像馬斯克一樣，以改變世界為人生偉大目標；但當你真的想達到目標，讓目標從「想像」昇華為實際可行的「計畫」，並且堅定不移的行動，恰恰是本書宗旨「富有是一種能力，堅持是一種選擇」的真正意涵。

鍊 金 筆 記

許多衝突裡面都藏著一個需要解決的問題，你可以遵循以下六個步驟來解決問題，從而化解它引發的衝突：

一、定義問題。

二、積極傾聽。

三、各方達成共識。

四、共同探索解決方案。

五、制定行動計畫。

六、確定如何跟進。

第 **4** 篇

理性決策

兼聽則明，讓你克服人性不安

Life Business School

16. 是什麼阻礙我們的理性決策？

「善用手上每一分錢，讓錢為你工作」、「通膨時代來臨，不投資就是讓資產貶值」、「不要相信保本穩賺這種話術」，是我認為理性、而且經得起考驗的論點，你也可能覺得是老生常談。

知道是一回事，做到又是另一回事。為什麼人還是不投資，捨棄風險較低的自我管理，寧願把錢交給那些報明牌投資社團，或相信高投報率的謊言？

👤 為什麼寧願滿手現金也不投資？

首先，我們先來看看大部分的人是怎麼想的。根

據大數據分析，人們認為「投資很難」、「不敢投資」的原因，有以下這十種：前五名分別是「不知道要投資什麼」、「投資本金需求太高」、「不懂何時該進出場」、「擔心股票風險過高」、「經濟壓力大沒閒錢」……等。

圖一 臺灣人「投資好難」網路十大熱門原因

資料來源：DailyView 網路溫度計

平心而論，第二名與第五名是同一件事情，就是沒錢。每個人收入不盡相同，的確不是大家都有足夠的錢投資。但是任何人的錢都是「省」下來的，不是天上掉下來的。要提醒你，現在投資門檻確實很低，我聽到最低的每個月 1,000 元就能投資基金。所以沒錢也不過是放棄理財的藉口而已。

　　但從其他的原因，其實我們可以從行為經濟學的研究，找到這些看似「不理性行為」背後，真正的原因是什麼。

其實是因為你很懶

　　不知道要投資什麼？這是個挺好的藉口，然而現代人很輕鬆的就能取得很多理財知識，跟以前理財工具少、資訊不發達的時代大不相同。除非你很懶，堅持「不求甚解的人生最舒服」，與其說是「不知道投資什麼」，更準確的說法應該是「不知道投資什麼會賺」。是的，投資不一定會賺。

有些人不投資的原因，在於過去有失敗的投資經驗。理性來看，每個決策彼此之間並不相干，不會「帶衰」你。上一次賠錢，不代表下次也會賠錢。失敗是有原因的，記取教訓，不要再犯就好。

　　其實僥倖成功才會帶衰你，有些人在過去投資的特定項目中賺到甜頭，可能是某些高風險、高報酬的投資類型，例如虛擬貨幣、高槓桿的衍生性金融商品。正是因為高風險，因此這種勝利帶來的快感，自然遠大於穩穩賺、風險較低的 ETF。於是他誤認為過去的成功經驗（其實是運氣）可以永遠帶來成功。

　　此類人很容易成為高風險投資的信徒，他們做決策之前，已經失去客觀理性的判斷能力，只會為自己心中的定見去找到支持的基礎。在這種狀況下，他們看到的「證據」往往是被偏見篩選過的未審先判，自然無法客觀。

🔘 情人眼裡出西施：敝帚自珍效應

有一句話叫情人眼裡出西施，這句在投資上再貼切不過了。有學者做過這樣的實驗，可稱之為「敝帚自珍」效應。在學者康納曼等人的研究中，找來一群康乃爾大學法律系和經濟系的學生。這個實驗說來有點複雜，我把它簡化一下。實驗中，參與者被分為買家、賣家2組：

第1組，參與者會先拿到一個杯子，教授詢問他要多少錢才願意出售這一個杯子？

第2組，參與者會被問到，到底願意花多少錢買這一個杯子？

拿到杯子的人就是賣家，沒杯子的人是買家，在這一買一賣所創造的市場中，看出買家與賣家對於杯子價格的認知差距有多少？研究結果是：賣家出價（5.25美元）幾乎是買家組（2.75美元）的2倍。

相同的杯子，為什麼認知會有這麼大的差距？原因在於那個東西是不是「你」的。賣家當然會老王賣

瓜，敝帚自珍，買家當然覺得愈低價愈好！

自己擁有的東西，自我感覺良好，別人看來很平凡，自己卻覺得很不凡，是人性中常見的現象。我後來經營電商，常常遇到希望我們幫他賣東西的人，價錢定得實在很高，卻認為消費者一定會買單。在我們看來，其實他的東西跟別人沒兩樣。甚至我還聽說過：「我們做的皮包跟愛馬仕一樣好，他一個可以賣百萬，我們才賣 3 萬，消費者如果不欣賞就是他們沒眼光！」這要從何說起？相信你已經笑出來了，可是製造商說得很認真。

當我們擁有某樣東西、並且對它投注心力，這個東西對我們的價值感就改變了。就像小王子的玫瑰花對他是獨一無二、不可取代的一樣。請相信價值是虛幻的，很容易被人的主觀認知所扭曲。我稱它為「敝帚自珍效應」。

「敝帚自珍」的意思是把自己家裡的破掃帚當成寶貝。這是行為經濟學中的一個迷思。不只是在商品上，我也看過很多人，自認為懷才不遇，但依照客觀

評價而言，他的才華不過是平均水準。

　　舉房地產市場為例，同樣一個中古屋物件買賣，雙方心目中的合理價格往往會有很大的落差，賣方會高估物件的價值，而買方則企圖低估。

　　如果不能折衷妥協，那麼房子永遠賣不掉。心理原因也會影響價格，如果賣方缺錢，那買方就可能用比市場偏低的價格買得到。

　　另一個影響你投資意願的心理學偏誤，則是「損失趨避」。簡單來說大家都喜歡獲得，更痛恨損失。諾貝爾經濟學獎得主塞勒發現，如果讓人選擇有100% 的機率得到 1,000 元，或是有 50% 的機率得到 2,000 元，多數人會選擇前者。一鳥在手，要比「不一定能得到的一百隻鳥」來得踏實，不是嗎？

　　這跟投資有什麼關係？如果你有買賣過股票，這句話你一定講過：「只要我不賣，我就沒賠錢。」這就是反映投資者對於承認損失普遍的逃避心態。

　　但講這句話的人忘了，股票也可能下市，或成為壁紙！你知道買錯 ETF 也會損失慘重嗎？ 2020 年，

元大 S&P 原油正向 2 倍 ETF（00672L）下市了，這是臺灣首檔原油期貨槓桿 ETF，原本備受期待，但歷經石油市場價格戰、新冠肺炎重創原油需求等利空因素，導致淨值重挫，始終無法回到 2 元，最終慘遭下市，明明跌了很久，但是沒有下車的人有多少？只因為他們不想賠售，他們買的時候可能花 10 元啊！

雖然最後交易日出現爆量逃命潮，但是依據金管會證期局統計，到了完結篇落幕了，還有超過 2.8 萬名投資人持有該檔期貨 ETF，流通在外張數竟有近 180 萬張，這些人是不知不覺嗎？並不是，而是規避損失心理在作祟。一直等啊等啊，希望守得雲開見月明，可惜事與願違。這個故事說明了：一，拜託你買安全性較大，資金池比較深的 ETF 好嗎？二，如果你做了錯誤的投資，壯士斷腕也堪稱英雄！

所有 ETF 都可以有長期效應嗎？肯定不是！2020 年共有五檔 ETF 下市，原因在於槓桿風險較大、規模太小、淨值太低。除了 00672L，2020 年下市的還包括國泰日本正 2、國泰日本反 1、復華美國

金融服務業股票、新光 ICE 美國權值等。

　　我個人是不會考慮槓桿與反向類型的 ETF，事實證明，這些標的可能比買臺灣金融股風險高很多！

　　投資 ETF，不要企圖證明多數人是錯的，只有你是對的！以證券投資信託 ETF 來說，如果近三十個營業日當股票型 ETF 平均規模低於 1 億元，即符合終止門檻，投信公司可依規定申請下市；而期貨信託 ETF，當近三十個營業日平均淨值累積跌幅達到 90%（以期貨的本質來說真的不是不可能）或平均規模低於於下市門檻（多為 5,000 萬元），發行人應該是沒有翻本的能量了，報請金管會核准後，終止期貨信託契約，清算就是他的結局。

　　所以千萬不要以為投資 ETF，就可以擁有長期效益，拜託你不要走偏門！

🧑 如何克服理財的不當行為？

　　克服偏誤，降低決策過程會出現的雜訊，對打算

獲得長期效益的人非常重要。

同樣是以行為經濟學研究，獲得諾貝爾經濟學獎的康納曼，他認為要降低雜訊，首先要認知到「雜訊」的存在（請參看天下文化《雜訊》一書）。《雜訊》這本書厚且不易逐頁閱讀，但是揭示原則很簡單。

人類在決策上，本來就是不理性的，很容易被影響。因此請你不要先入為主，過度相信直覺，不要驟下判斷，唯有了解客觀數據，才能做出理性決策。

在自己決策的過程減少被情緒影響的可能，是提升決策品質的方法。用我買 ETF 的例子來說吧！在存 ETF 或存股時，乾脆不看漲跌，直接在每月六號購買一定數量，就是減少個人主觀偏誤，以免漲了不敢進，跌了不想進。定期定額投資讓帳戶自動扣款，就能減少中間的人為誤差。

像是我和一位朋友同時購買某一家公司發行越南的 ETF 股票（當然理由是我們兩個都看好越南經濟的長期潛能）。他是隨機選擇（也就是每個月都買，

但是會看股價的狀況），而我是每個月六號定期定額購買。我們兩個人每一次購買都是 10 張。經過了一年半的實驗，購買的張數雖然相同，但是我這個機械型操作的懶惰鬼所持有的平均價格竟然還比他低！

所以到底是誰阻止我們理性決策？很多時候，其實就是我們自己。

鍊金筆記

給自己留出「無干擾時間」進行創造性思考。
大量的任務和會議會讓管理者喘不過氣，導致
沒有足夠的時間放在創新和戰略目標上。
對此人們的應對方法就是加班。

然而，更有效的解決方案是把待辦事項先放在
一邊，根據你的生物時鐘安排日程，找到並預
留出自己狀態最佳時段，專門用於實現你最有
價值的目標。

17.

錨定效應會讓你大腦產生錯覺？

我們的大腦會騙自己嗎？

答案當然是肯定的，在藝術世界裡很多畫家善於使用錯覺或是視覺殘留的方式，帶給觀看者超越直覺的視覺饗宴，很有名的天才畫家達利就是箇中翹楚。他有一幅美國總統林肯的畫像，近看完全看不出來，要站到 20 公尺外才能看到。

還有另一幅畫，你盯著畫上的藍色球 30 秒，再把目光看向白色牆壁時，你會發現牆上冒出好幾顆球。因為你長時間盯著藍色色塊，引發視覺暫留的現象。

難道是我們的大腦特別容易受騙？的確如此，它很容易受到外界毫不相干的資訊的影響。而且這種因

為既定印象而引發的錯覺，不是只發生在藝術上而已，還常發生在理財上。

👤 康納曼的實驗

我們在上一篇介紹過的著名行為經濟學者康納曼，曾經在奧勒岡大學做過幸運大輪盤實驗。這個經過設計的輪盤，上面標示 0 到 100 的數字，看似隨機選擇，但實際上不管數字怎麼轉，都只會停在 10 和 65 這兩個數字上。

測試者在看過轉完輪盤出現的數字後，接著回答一個問題：「你認為聯合國中，非洲會員國的比例是多少？」

照理來說，輪盤上的數字，和這問題八竿子打不著關係。受試者照理來說應該不會被影響。但是康納曼教授在實驗中發現，看到輪盤轉到 10 的人，會估計非洲會員國的比例為 25％；而看到 65 的人，平均估計比例為 45％（正確答案大概是 28％）。

這就是奇妙的「錨定效應」。人們在做決定時，往往會被第一時間的片段資訊所影響，並不知不覺地以此為判斷基準，然後稍稍修正一下。為什麼叫做錨定？這個靈感來自要靠岸的船得先下錨固定，再移動船身，才能停在準確位置。

我曾經在 Podcast《人生實用商學院》中問我們非常聰明的來賓林峰丕一個問題，你可以用你的直覺或知識試著回答，請問成吉思汗西征發生在哪一年？

❶ 請問這個事件是發生在西元 200 年的之前還是之後？

❷ 還有請你大概猜猜看成吉思汗是在哪一年去世的？（給你五秒鐘，不可以查手機）

事實上這些事件離「西元 200 年」超級遠，但是這個莫名其妙的數字就偏偏放進你腦海裡了。也許你會覺得這個數字不太對勁，但它還是會影響你的答案，讓你低估成吉思汗過世的時間。西征當然是發生

在西元 200 年之後很久。而有關於成吉思汗的死亡，大家平均都猜出西元 6、700 年之類的答案。

事實上，成吉思汗西征真正的年份是 1219 年，而成吉思汗去世於西元 1227 年。這個例子證明人類很容易被影響，雖然別人告訴你的錨定數據不合理，你還是會被它左右。

歷史上有一個非常厲害的行銷案，是由知名的珠寶品牌 Harry Winston 創造的。這個品牌到現在，還是許多名人、仕女所夢寐以求的。明明是同一個品質的一克拉鑽戒，它就是可以比別人貴 3 倍。為什麼？消費者就是覺得它值得呀！即便從未使用低價來和其他業者競爭，照樣有人願意買單。

1973 年，當時珍珠大王薩爾瓦多・阿薩爾擁有一堆大溪地黑珍珠，找上了他的好朋友傳奇鑽石大亨海瑞・溫斯頓幫忙。人們當時對黑珍珠是很陌生的，不過奇貨可居，就看你怎麼行銷。

溫斯頓將這批黑珍珠放在他的店裡，也就是紐約第五大道的珠寶店櫥窗裡展示，故意標了令人咋舌的

價格。他同時也買了廣告，在時尚雜誌裡讓昂貴的鑽石、紅綠寶石在一顆閃亮的黑珍珠旁邊隨意擺放，感覺像眾星拱月一般。

原本實在賣不出去的黑珍珠，瞬間變成誰都想要、搶手的珍貴珠寶，在當時價格媲美鑽石。這就是運用錨定作用的最佳行銷，從此所有的商家都學到了！

這個「計謀」你應該也看懂了：阿薩爾的好朋友目光遠大，而且的確是一個行銷高手。他不只是想把黑珍珠賣出去而已，他要幫黑珍珠謀求歷史定位！

他的所作所為就是把黑珍珠設定為高價珠寶，對沒有看過黑珍珠，但是對鑽石的行情比較清楚的消費者們暗示「嘿嘿，它很貴喔，有了它，比擁有鑽石更令人稱羨」！（閒話一句，由於養殖技術的進步，現在的大溪地黑珍珠真的很便宜。10mm 左右的完美黑珍珠，在批發市場新臺幣 2,000 元有找）

許多年過去，消費者還是無法抵抗錨定作用的影響，比如說百貨公司的花車裡面，常常有標價一萬元打一折的衣服，消費者仍然相信他們買到品質優良的

便宜貨！還有超商也常常用這一招：礦泉水一瓶 20 元；2 瓶 30 元，不怕拿太重的消費者，就會買兩瓶。完全忘了自己也許正在跑步，帶兩瓶是自己找麻煩。

你看看各大購物平台就知道了，一定有一個定價，打了個叉，然後才告訴你真正的售價，就是要讓你覺得你賺到了呀。是的，你上當了。但這就是人之常情，你感覺好就好。

這些實驗告訴我們：人的大腦，其實沒有像自己想像的那麼理性，我們總是在尋求線索幫助我們做判斷，即便與你毫不相關的線索，也可能影響到你的決策。也許你的學識會對你有幫助，但老實說並不能百分之百「免疫」。

大腦為何催促你做錯誤決定？

什麼東西比較容易運用錨定作用讓你失去判斷力？答案是你不熟悉的產品。新產品、新科技、新技術或是新設計的定價我們無從參考，只要加一些促銷

技巧，就會影響你對這項商品的評價。

曾有一個與我合作過的廠商，他給商品的定價是每盒 2,800 元，促銷價則是 2 盒 4,000。但是在廣告海報上，卻沒有把原價資訊寫上去。我跟他們反映，請他們寫上單盒售價，但老闆卻回答：「買一盒不划算，不會有人買的，寫一盒的價格做什麼？」我堅持還是要寫上單盒原價，不然「錨定效應」無法作用，消費者不知道品牌的「誠意」有多厚。後來這位老闆念了 EMBA，有天很興奮地打電話給我說：「我終於知道為什麼一定要寫單盒原價了！」

我自己也經常著了錨定效應的道，特別是在小東西上。比如說礦泉水，有一段時間我在工作室樓下的便利商店買每瓶 35 元、第 2 瓶 10 元的進口礦泉水。相較於兩瓶 30 元的臺灣礦泉水，我總會選擇這種實際上總價比較貴的進口礦泉水，覺得它省比較多，其實說真的它並沒有比較好喝。

錨定效應有趣的地方是，數字愈大，效應會愈明顯。像是帶看房子，很多公司會特別設計看屋順序，

他會先帶你看樣品屋裡最大、最豪華的樣品屋，趁著你被華麗裝潢與設計風格震懾時，再帶你去看你原本所屬意的那一種房型。據說這樣的方法，可以明顯的提升成交率。你看了豪華的，就以為自己的房子也會一樣高級；你知道豪華 4 房的價格，會認為自己想要的 2 房相對便宜。

在股票市場錨定效應會更為顯著，如果你在 600 元才買台積電，你會覺得它跌到 500 元很便宜，卻忽略產業狀況可能發生轉變。只在意價格浮動，你的投資紀律就會受到錨定效應牽制。

例如說「股價曾經到 1,300 元我都沒賣了，800 元怎麼可能賣？」（這是買宏達電的朋友告訴我的話）、「我股價已經腰斬，這個時候買獲利可期」，這些都是錨定效應衍生的影響。

如何打破錨定作用？

要打破錨定作用帶來的錯覺，最基本的，就是以

正確的資訊，刷掉原本錯誤的既定印象。比如說，不管銷售人員怎麼催促，都不要急著在看樣品屋的時候做出決定，你有手機，可以看附近新屋的實價登錄，至少可以找到客觀參考值。

在投資上，就像我一直以來勸告大家的，如果你和我一樣沒空當「專業投資人」，請採取定期定額的方式，不要擇時入市與擇價入市。如果你喜歡主動選股，請把每一次的買賣當作是獨立事件，重新確認自己投資這檔股票的原因，不要有「攤平」、「翻本」、「扳回一城」這樣的想法（說真的，你再會看財報，它也可能是參考用的）。

總之，別被歷史價格錨定。

鍊 金 筆 記

不要在狀態低谷期做決策！

每天我們的精力都有高峰期和低谷期。

研究表示，我們在疲倦的時候，更有可能會固

執己見，邏輯上會更草率，同時會尋求捷徑。

因此，不要在下午精神萎靡時給別人寫績效評

估或制定艱難決策。

18.

啤酒遊戲與長鞭效應：
你真的不用搶衛生紙

　　漲價是一件很奇妙的事情，消費者一定討厭漲價，而懂投資的人能夠從中看到機會。例如油價上漲，航空產業成本增加，機票價格隨之提升，航空公司獲利就會受到影響，但對於賣油的能源產業來說是好消息，他們可以收更高的費用。

　　所以當我們看到一個行業的價格提高，必然是好事嗎？在第一本《人生實用商學院：誰偷了你的錢？》中，我們講到「成本」的基本觀念。成本固然是決定價格的因素之一，但是並非唯一。

🧑 看懂供需問題

根據經濟學供需法則，當價格愈高，需求應該會下降；反之，價格降低，需求上升。聽起來很簡單，但很多製造商還真會抱持矛盾期待，希望自己的產品既可以提高價格，還能維持高需求。

具體而言，就是因為前文提及的「敝帚自珍」觀念，老闆對於自家商品太高估。不少人還有「教育顧客」的想法，認為只要多對顧客宣傳，他們自然會多買我的高價商品。

如果產品力好，這也可能是事實，但是產品力好不好？要消費者說了算。

市場並不會按照生產者的邏輯走。在我自己經營的電商平台，曾經賣過某牌的保健食品，品質確實不錯，得到 2 個健康食品標章（俗稱小綠人）。這個商家認為對手品牌只有 1 個小綠人，優勢相當明顯，差不多的功效，卻開出貴 4 倍的價格。實際上消費者並不買單，因為互補品比你強還比你便宜，你開出別家

的 4 倍價格，需求當然會下降。

　　製造商也常過度攤平自己花費的成本還有研究時間，以成本來訂定價格，卻沒發現競爭商品真的比他便宜很多。這些失敗，都是「只往內看，沒往外看」造成的。

圖一 供需曲線是經濟學的基本原則：價格愈高，供給愈高，需求則愈低。唯有供給需求線相交，交易才會成立

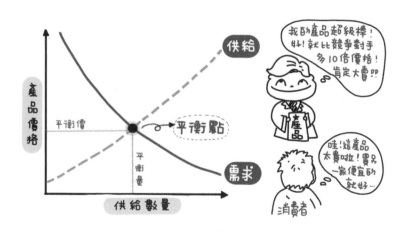

🧑 大家都買不到，製造商為什麼還賺不到錢？

有種奇妙的供需現象叫做長鞭效應，最早是由麻省理工學院的一個啤酒遊戲開始。研究者扮演玩家，在麻省理工學院分別飾演製造商、批發商、通路商與零售商，彼此只能透過訂單來傳達資訊。

假定一開始每星期消費端的需求是 4 箱，零售商與批發商除了定期向上游下訂 4 箱，每一張訂單是 4 週後交付。製造商則固定維持 12 箱存貨，彼此相安無事。

但是有一天，消費端將需求提高到 8 箱，就開始發生出乎意料的影響：零售商存貨下降，為了怕無法供應消費者不斷增加的需求，零售商開始超額訂貨，比如說，每週向批發商多下 4 箱訂單。因為每週的訂單都要等到 4 週後才會完成交付，因而前線的缺貨需求不會立即得到滿足。

在此同時，市場因為供不應求，市場買氣更旺

盛，反而推升需求，使得零售商追加訂單的力道愈來愈大。造成：消費者搶買，零售商不斷追加訂單，製造商則為了滿足市場需求，持續增加器材、原料人力的支出，並且增加了存貨數量以應不時之需。

然而結局是什麼？就是製造商白忙一場。商品曾經暢銷，但是供給始終跟不上需求。等到製造端終於追上了市場、將缺貨的需求補齊時，市場買氣早已退去，零售商與批發商退回貨物，留下大量賣不出去的存貨。這個遊戲告訴我們，在一個動態供應鏈系統裡，就算其中成員沒有任何不良意圖，也可能會失控。

在啤酒遊戲中，因為上下游供應商的資訊不夠透明，如果供貨時間加長（也有可能因為大家搶不到，消費者連出高價都願意）容易造成「長鞭效應」（The Bullwhip Effect）（也可以稱為牛鞭效應）。所謂長鞭效應，就是市場需求一路向上游供應鏈傳遞時，各級廠商都怕缺貨，因此把量多加一點，最終產生巨大扭曲、預測失準的現象。這種現象會導致出產暢銷商品的廠商，最後反而賠錢。

在現實世界上曾經發生這個例子：P&G（寶僑）曾對尿布的供應鏈做調查，發現尿布只要有小小的缺貨現象，零售商、批發商都會為了保留一點存貨以備不時之需，跟上游多訂一點，一直影響到原料供應商也在大量叫貨，過了一段時間之後就演變成製造過量。

比如說，市場上多了 10 單位的尿布需求，零售商可能會樂觀地認為需求還會持續增長，而向其批發商訂購 15 單位的紙尿布。批發商收到 15 單位的需求後，會向上游製造商，訂購 25 單位的紙尿布，以應付這波需求變化。此時，製造商就會再向其上游原料廠，訂購 35 單位的原料來製造紙尿布，就這樣需求逐級放大，最後真實需求從 10 單位慢慢變成為 35 單位。

這種狀況在臺灣，最常出現在衛生紙的短缺上。

說真的，大概每二年我們都會因為各種理由（比如疫情剛開始時也發生過）發生一次衛生紙大搶購。其實你真的不用搶，準備適量就好了，它真的不會缺貨很久，不多久，量販店一定會出現大量衛生紙！

紙尿布跟衛生紙都屬於剛需，製造商的貨一定是賣得掉的，但有些趕流行的東西就不是那麼幸運。比如某一種特殊款式的服裝，或者是被某個明星鍾愛因而暢銷的口紅。剛開始大家都買不到，廠商就拚命地向上游加量訂購，但是到最後卻因新鮮感消失而變得乏人問津。

　　其實疫情爆發之後，晶片也有這樣的現象。全球生產鏈銜接不順，各下游廠商為了怕缺貨，提高庫存水位已成為常態。這種產品雖然是必需品，但也不是多數廠商製造得出來的。當市場不確定性增加，一定會有超額訂購的現象，使半導體產業紅紅火火。

　　連我都曾經被大陸半導體業的同學要求，拜託我打電話到台積電去替他要晶片（當然是用買的），但我是誰？台積電為何要買我的帳呢？不過我後來真的「因緣際會」幫他達成了需求，還賺到了一瓶拉圖堡的紅酒。

　　再舉一個簡單的例子，臺灣曾有某本書因為作者的某個特殊事件引發關注，一時洛陽紙貴。消費者到

處都買不到書，因此不管線上線下，各大通路都送出訂單。為了滿足消費者需求，各通路也拚了命叫貨，明明只需要 3 本，索性叫個 10 本，以備不時之需。不過當話題過去，這本書實際賣掉了 8 萬本，但過程印了多少本？答案是 15 萬本，剩下的 7 萬本賣不出去，後來全部銷毀。真是「世事一場春夢」啊！

這故事告訴我們，你賣的東西暢銷了未必是福，請冷靜觀察一下：市場真的有那麼大的需求嗎？

圖二 當市場需求突然增加，再加上資訊不透明，就可能引發長鞭效應，導致供應鏈緊張

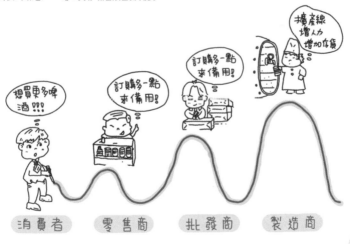

⊗ 真的不必急著搶貨

「長鞭效應」在新冠疫情發生後層出不窮：公司或學校因應疫情開始採取遠端辦公與教學，筆記型電腦的需求大幅增加，讓因物流受阻的半導體供應鏈更為緊繃。你可能暫時買不到，但如果手上還有可用的，不必急著囤貨。

若不是原物料真的短缺了，時間會解決很多問題。如果你理解長鞭效應，就要先判斷這是真的需求提高，還是短期的供應鏈失衡引發的搶購潮？

所以，訂單爆滿就是好事嗎？當你看到一個產業需求暢旺，訂單能見度已經看到未來幾年這樣的新聞時，別急著去買它的股票，記得想想啤酒遊戲和長鞭效應吧！

鍊　金　筆　記

創業失敗最主要的原因集中在「資金問題」層面，包括燒錢太多、現金流斷裂和融資能力不足。

可以說，企業的商業模式沒有搞懂，不斷花錢去買廣告，拼命製造自認為的好賣的產品，或者找不到資金來源，一旦遭遇外部環境變化（如疫情），脆弱的現金流容易斷裂，破產也就是遲早的問題。

19.

在你富可敵國之前，未上市股票不要買

　　在這一章，我來談我跟我朋友的一段理財黑歷史。把自己的蠢行為當範例。先說結論：除非真的有錢到無處可花，不然不要投資未上市股票。不管你的內線消息多靈通，跟你有多親近，以及他多有把握，甚至董事長就是你舅舅，結論都一樣：不要買。

🙎 價格不透明，流動性風險高

　　什麼是未上市公司？廣義來說，就是還沒上市或上櫃的公司，其中又分為公開發行公司與未公開發行公司。公開發行公司的股票雖然不能在股票市場上買賣，卻可以透過合法券商購買；反之，未公開發行公

司則只能私人交易，必須由該公司賣給你。

為什麼我「曾經」投資未上市股票？倒也不是為了投資或是理財，一方面是因為交情，一方面也是相信該公司的某項發明大有前途。

這位友人學有專精，研究發明的確是有相當成就，取得了不少國際專利。但光是產品好與技術領先是不夠的，還是要看營運者的心態以及經營公司的能力，還有是否願意對大眾保持誠信。

畢竟公司歸公司，研發歸研發，公司不是研究者自己開的。經營者本性不好，好的專利也可能被做成爛產品，好產品也會因為一時策略失準，被短視近利的經營者破壞了所謂大好前程。

要看出經營者的「真心」，其實從很多小事情就能看出端倪。我曾遇過公司假借公益來賺錢，產品賣上千元，結果只捐十元，卻騙大家是在做公益。也看過某公司長年經營虧損，但是 CEO 的名車倒是換個不停。我投的這家公司就發生過「以售價 1% 做公益」但大打慈善牌，還有因為某種原料成本較低而任

意改變產品配方的現象。寄來兩次現金增資通知，第一次我不理他撕掉了，可能錢募得不夠，又來了第二次，繼續催繳要股東加入「現金增資」，我又把通知書撕掉了，寧願當這筆錢掉進海裡。

👤 未上市公司告訴你的都是「本夢比」

現金增資講白了，就是想要從股東身上要錢。股東投資一間公司，就是因為看好公司成長前景，經營者卻把股東變成肥羊。

如果一家新創公司或未上市公司，它的盈利模式有足夠的吸引力，並且專注本業，有口皆碑，自然能夠順利引入大型創投的資金活水，並不需這麼「用力」向小股東要求現金增資的。

這種未上市公司會怎麼靠現金增資撈錢？舉例來說，他們可能隨意弄一個股價，比如當時 30 元，現在就「捏」個新的價格 50 元，讓原股東誤以為過去投資已經賺錢，乖乖地把增資金額交齊。

事實上，本股東從來沒有收過詳細財報。未上市股票的財務報表不用經過會計師事務所的簽證，資產負債表、損益表、現金流量表有太多可以灌水的地方。

　　他們每年都會告訴我業績成長，但仔細一查就知道邏輯漏洞百出。例如「我們今年營業額是去年的2倍，但營業利潤卻比去年賠更多」，原來是因為行銷費用變大。明明賣的價格不低，毛利也高，卻是賣一盒賠一盒？他們會告訴你，研發和行銷費用很大，但是實際上用在哪裡卻說不清楚。

　　不少上了創櫃板的公司也會拿股票代號來慫恿你投資，除非那是你兒子、女兒開的，否則請先冷靜。創櫃板公司並不等於上市櫃公司，並沒有獲利能力或設立年限的限制，充其量就是一個「起點」。我認識許多沾沾自喜的創櫃公司老闆，平時最努力做的事就是希望有人來入股他的公司。

　　平心而論，每一家龍頭企業，也都曾經是未上市公司，但是之前說過，看起來有前途的公司，一百家中有一家成功就不錯了，投資這類股票的風險，是相

當高的。

👤 為什麼要放開大魚？去抓沙丁魚？

不管是為了人情或是自信，真的要買進未上市公司股票，你要有兩個心理準備：

❶ 收不回來

非上市公司股票大多是私人買賣交易，不僅交易價格不透明，價格幾乎是賣給你的人說了算，而且流動性也有問題。當你想賣股票變現，不一定有人會買。

這也是為什麼我建議你：要富可敵國，再來買非上市公司股票，因為唯有如此，你才有可能把錢丟進水裡而不心痛。

❷ 是的，你在賭博

要買非上市公司股票，最直接的獲利時機就是股票上市。但是上市常常是個夢，一家公司能不能上市？上市能不能為股東賺錢？牽涉的原因太多了。也

曾經發生公司才在美國上市，當天就宣告完蛋的狀況。不少公司上市當天就是股價最高的一天，再偉大的公司，也曾有讓投資人欲哭無淚的黑歷史。該集團曾在 2012 年於香港下市，以發行價回購所有股份，將公司私有化，很多投資人還都很「曚」不知到底為了什麼？且聽我道來。

沒有人不知道阿里巴巴吧？在香港 IPO 時，馬雲曾經說：「阿里巴巴可以不斷創造價值，是一支有真正價值的股票。」就是這「有價值的股票」，從 IPO 次日最高的 40.4 港幣，兩個月內用力的跌，市場最差的時候，跌到最高價的四分之一，9 塊多港幣。最後，在 2012 年 2 月，阿里巴巴集團宣布停止在港交所交易，正式撤出港交所。

對於那些還來不及賣掉股票的 27% 的投資人，阿里巴巴集團宣布以每股 13.5 港幣的價格，收購他們的股票，然後自行在港交所處理。四年之間，從 13.5 港幣上市到 13.5 港幣退市，轉了一圈，一切都

回到起點。曾經看好阿里巴巴的散戶投資人，絕大部分都虧損慘重。馬雲用發行價回購，看起來好像不賺不賠，不過那幾年間，港幣兌人民幣貶值超過 30%，所以他買回來的價格相對算是便宜的。投資人血本無歸，但是公司的高層還是有分紅啊。

其實後來買回的時候，靠的也是跟銀行貸款的資金，錢也不是公司出的。不要以為下市一定是悲哀的事，下市除名之後，公司就不必再公布財報。沒幾年，又風風光光重新整合包裝，繼續赴美上市了。為什麼我把這件事情記得這麼清楚？因為我就是在 35 港幣時買入，持有幾年之後在 13.5 港幣被收購的股民啊！雖然後來我還是會在阿里巴巴買東西，但是我從此不會再投資它的股票。現在想來，我這個事後諸葛亮也不巧是對的，還好我知道「不貳過」的道理（請你當我在喃喃自語自我安慰就好）。當時我什麼都不懂，為什麼會買阿里巴巴呢？當然是因為在證券公司任職的朋友都極力推薦呀！他們買得更多，損失當然比我慘！

就像我一直強調的，投資雖然不簡單，但也不應該讓你自找麻煩。所以良心建議，不要因為友情、名人背書或是廣告文案，就貿然投入你的資金，不然你可能會賠了資金，又失去一位朋友。

　　至於怎麼做，我基本上建議大家不要理會市場波動，從固定投入 ETF 開始。雖然無聊，但終究是比較可靠的作法。如果你真的想要買單一公司股票，那還是拜託買公開透明，而且「他倒，國家也差不多會倒」的龍頭股。而不是投資那種資料不透明的未上市公司。

鍊 金 筆 記

失去團隊信任之後,如何挽回?如果你正面臨
這個問題,可以參考這四步:

第一、嘗試利用開放式問題弄清事實。

第二、對當下的情況負責,承認導致信任破裂
的原因。

第三、原諒自己和原諒他人,列出接下來的行
動計畫。

第四、跟進事情進展,展示你的責任心。

修復一段關係,既需責任心也需要時間。

20.

世界多變，現金至少要夠自己活一年！

　　我常講「現金為亡」，有人以為我不喜歡現金，其實並非如此。在投資上，現金確實不是適合的標的。但是在生活上，你必須保有一定的現金流動性，才能讓自己好好生活、好好工作、好好投資。

　　就像在這一次的疫情，一切都無預警地被改變了。幸運的人，只是抱怨自己不能出國，幾乎有兩年時間失去自由；但是在疫情中最焦慮的，應該是只要待在家裡一段時間，家中就面臨缺糧的人。

創造財務安全感，增加現金流最重要

　　疫情以來，對經商的人來說，是一半歡樂一半

愁。半導體業，電商，物流業，自媒體，只要是線上販售的，都拜疫情之賜一片榮景；傳統製造業受到的影響不一；最淒涼的就是旅遊業，實體餐飲服務業，還有沒有積蓄的人。

當經濟突然按下「暫停」鍵，那種感覺就好像你坐在電動手扶梯上緩緩往上，忽然電梯停止了，後座力讓人措手不及。

沒有好好抓住扶手的，就會摔得鼻青臉腫。而你能抓緊的扶手，就是讓你維繫生活的現金流。

疫情已經過了兩年多，那些比較不焦慮的人，的確都是財富自由的人。所謂財富自由，是就算他不工作，每個月會進來的錢（被動收入）也足以支付他的開銷。但實際上，被動收入要比生活費來得高，甚至是生活費的 2 倍，人才會活得真正寬裕。

比如你一個月花 3 萬元好了，如果每年的被動收入（例如股息）只有 36 萬元，你真的能寬心嗎？人生總有一些意外用錢的時候。以我的看法，至少要有 72 萬才行。財富自由，並不是指從此可以揮霍無

度，但也不能夠只靠縮衣節食過日子啊！

🧑 做生意沒現金流，就是等死

但是要正確評估現金流，你要先知道你的「生活支出」的計算方式，這一點我們可以從「開店」來舉例：開過店的人都知道，只要有三個月不開門，6成的商家絕對撐不住，因為現金流支撐不過三個月。我們來解釋一下為什麼會撐不住？

首先先來了解「固定成本」和「變動成本」。以餐廳為例，開一家實體餐廳要支付的每月固定成本很高，所謂固定成本就是不管你開不開業都要付的錢。例如房租、已經花下去的裝潢攤提，以及老闆自己和固定人員的工資。

相對的變動成本，從字義上解釋，就是隨著收入變化而變化的成本。工讀生的費用、食材的費用、廣告行銷費用、水電費也應該列入計算。

一般來說，只要收入支付完固定成本和變動成

本，剩下的就都叫盈餘。

　　一旦遇到沒有收入的時候，你不用支付變動成本，但是固定成本還是要付的。千萬不要以為沒有營業就沒有支出，可以好好休息。換句話說，只要一些公司固定成本太高，被耽擱著沒做生意就會倒閉。

　　一般餐飲行業的成本結構大概是這樣：工資成本占 30%（不計入工讀生）、租金成本占 20%；食材成本占 30%；毛利占 20%。

　　請注意是毛利不是淨利！毛利還要扣掉某些修繕費用，勞健保支出、稅、水電費等，有的店裡扣完後就沒剩多少了。因此很多人聽到餐廳月營業額百萬覺得很高，事實上營業額上百萬還賠錢的餐廳多得是！就看它面積大小，人員多少。從成本結構來看，扣掉毛利都是成本，也就是說一般餐廳收入的 80%，都是成本。

　　重點在於，開餐廳不是領固定薪水，毛利不可能一直都是 20%。做餐飲的有大月跟小月，除了某些排隊名店，收入其實並不平均。你猜猜王品的每年淨利

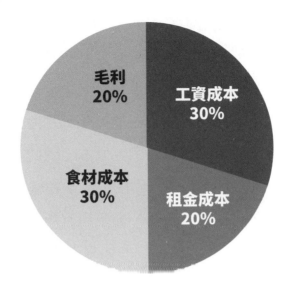

有多少？有一次我看到王品的稅後淨利率只有 2% 不到，心裡突然一陣淒涼，決心下次到他們店裡應該多給一點小費才是。2% 可能還是很好的狀況，連這麼大的連鎖店都是這樣，其他的餐廳又能怎麼樣？

請注意，工資、租金，都是固定成本，加起來總共占了 50%。毛利占了 20%。

這個數字意謂著，固定成本是毛利的 2.5 倍。雖

然疫情暫停的期間你不需要再採購食材，因為沒有客人來，但這個意謂著你只要有一個月沒收入，你就要花二個半月才能把這一個月的固定開支賺回來。

有了這個概念之後，如果你是餐廳老闆，你的壓力就會很大了。如果二個月不能開張，那麼你就要用未來五個月來賺取二個月的固定成本，依此類推。

那麼如果二年沒開張，而固定成本繼續花呢？

聰明的你已經算出來了，你要用五年賺回來，就算未來五年生意還是很平穩，你都在做白工！等於是在還債！用這個數學來看，6成的企業撐不過三個月，就可以明白這是有邏輯根據的。

看到停了二年，五年做白工，你的心裡一定也涼了半截吧！

降低固定成本，就算有都不能開業的狀況，你可以多撐久一點。什麼店撐得最久？答案是在自己家1樓開的夫妻店，他們可以假裝沒有房租（事實上按照會計理論，就算自己家也是有機會成本要算房租，不過疫情時期就算了吧）。假裝自己不是員工沒有薪

水。沒有客人來反正也不需要買太多菜，之前囤的貨自己可以吃掉。

這就是不管多少年來夫妻店總是屹立不搖的原因。

線下生意轉型電商，成本轉嫁變動成本

為什麼本來做線上銷售的餐廳比較容易在疫情中生存？

因為線上餐廳房租便宜，他不需要開在昂貴的黃金人潮區。租金在城市之中和客戶流量成正比。客戶流量愈多的地方（例如捷運出口），房租愈貴，大家都有這個概念。因此房租相當是在買流量。

專門做線上的餐廳，因為不需要客人到店的流量，可以開在比較偏遠處，甚至是在鳥不生蛋的地方開設中央廚房，那就省很多了。

很多實體店的店面租金高達 40 萬元，如果你不需要「過路客」，租金可能只要 4 萬元。那你就可以

省下很多固定成本。

當然很多店家會說，其實那些美食平台也收了不少費用，超過 20% 的比比皆是，我們送餐給客人並沒有比較省。但其實並不一樣，因為送餐給客人算變動成本，如果沒有人叫餐，也沒有人會跟你收錢！

從上面那個報表來看，你就只要支付 2% 的房租，還有 30% 的人員薪水，如果你的員工不變的話。事實上，線上餐廳會省很多員工，你並不需要外場，你也可以用 IT（手機或電腦）來接單，所以人員薪水應該只要 20%。這樣一來就可以把實體店固定成本從 50% 降成了 22% 了！

也就是說，如果你過去沒業績的話只能活三個月，現在沒業績的話可以活超過六個多月！這就是固定成本低的好處。

有一位企管名師劉潤，曾經在疫情剛開始時請那些憂慮中的店家把固定成本都算出來，用現在帳上的現金來除一下固定成本支出，看看是否能夠支付十八個月的固定成本？不然還真的會睡不著！

任何固定成本很高的行業，在疫情裡面是非常不好受的。我遇過一個有情有義的餐飲業老闆，抱著已飢已溺的精神，決定完全不裁員，將固定成本維持在平日高檔。他沒想到的是疫情竟然延續這麼久！只能不斷地跟銀行借錢來支付薪水。他有 30 個員工，目前已經借了 2,000 萬元，也快燒完了，每天為了錢焦頭爛額，發現自己快得了憂鬱症。

　　再次提醒所有自己創業的人，如果你的的企業，固定成本占到 50% 以上，毛利率卻還不到兩成，現金流不到一年，你真的應該很警覺。看看有沒有辦法把固定成本的比例調得沒那麼重？萬一不行，也許你應該考慮退場機制，要趕快想辦法把固定成本變成變動成本。

　　減輕固定成本的負擔是很重要的，帳上有現金流也很重要，可是像餐飲業這種收現金的行業，通常不注重現金流的存底，因為他們習慣每天收錢就有了。

　　十八個月也許有點多，對很多餐飲業而言太難了。至少也準備個一年吧，如果你的租金加上員工

薪資每個月 100 萬元，那你至少要準備 1,200 萬元才夠！

(人) 財富自由關鍵：永遠在豐收時為冬天準備存糧

現在你有了固定成本與變動成本的概念，這在個人與家庭也同樣適用，去思考哪些支出是屬於固定成本？哪些是變動成本？

租金對租屋者而言也是固定開支，疫情期間自己有房子的人，無論如何沒有那麼焦慮，因為可以不用付房租，固定開支的占比減少。當然你很可能在付房貸，房貸也不比房租少，可是房貸比較容易申請延付本金。有房子也比較容易再從銀行多借一點錢來解危，萬一你不幸在疫情中失業！

無論如何，如果你的家庭消費是每個月 5 萬元，你至少要留個 50 萬元。不一定是現金也沒關係，如果你放在 ETF 那種第二天就可以變現的地方，和現

金意思也差不多，變動值也不大。

　　無論如何至少家庭就比較有保障，如果能有個二年那當然更好。只要在疫情前失業的，在疫情中間都很難找到工作，到現在已經超過二年了呀。

　　錢是很容易用完的。

　　如果能夠有業外收入那非常好，一家子有兩個人工作更好，總不會一起失業。夫妻兩人都在同一公司，從風險控管來看，其實不太美妙，那個叫做雞蛋放在同一個籃子裡。

　　人類意料之外的危機會不斷地來，如果每三、五年來一個沒有遇過的病毒，那該怎麼辦？

　　對於創業者還有待業者而言，這個冬天非常的久，也非常嚴寒。

　　不管冬天多麼長，春天也一定會出現不是嗎？

　　只要你有足夠存糧，就可以支撐到春天，看得到溫暖的太陽，這就是現金流的重要性！

鍊 金 筆 記

逆商是一種在逆境中能夠迅速反彈回來的能力，AQ 高的人，遇到挫折時，請你以彈性的方式來應對，積極樂觀、接受挑戰，創意地找出解決方法，並且自我對話，勉勵自己不屈不撓、愈挫愈勇。

第 **5** 篇

趨勢
投資新趨勢，為下一個時代做準備

Life　Business　School

21.

工作不要只存錢，更要存「技術」

在疫情剛開始時網路上流傳一個笑話：隔離不是最可怕的，更可怕的是老闆發現就算你不在辦公室，公司一點也不受影響時，這才是最可怕的。

疫情後，有不少人被迫失業。大部分還是跟業種有關，比如對旅遊服務業來說，這個冬天還真是漫長。

衡量國家經濟好不好，失業率是指標。景氣好，企業就會招募更多員工，失業率降低，大家都能賺到錢；相反的，景氣不好，企業經營不下去只好裁員，失業率就會上升。

但統計數字背後，其實還有一些眉角，尤其現在勞動型態已有大幅的改變，誰是失業者？除了我們一

般認知的沒工作的人，也可能指的是在家工作的自由業者，有些人退出上班族行列變成自己接案或網紅，但收入可能更高；當紅 YouTuber 也可能被列入失業者，不過他們的收入或許比 99% 的人還高。

⊗「消失的產業」有沒有你？

表一 2021 年「臺灣消失最快的職務」

職務	2021 年 1-8 月平均每月工作時數（全職 + 兼職）	5 年同期減幅	最近 5 年薪資中位數（萬）
室內電話及電報機裝修工	1	-81.3%	3.5
珠心算老師	4	-67.7%	2.55
電台主持人	6	-65.8%	3.2
家庭代工	86	-47.2%	2.35
手工打版師	140	-31.6%	3.5
派報生 / 傳單派送	203	-29.4%	2.6
林木伐運工作者	2	-18.2%	3

資料來源：104 人力銀行。

在後疫情時代有一個很奇怪的現象，經濟成長率雖然在疫情當下重挫，但是反彈也很快，不少國家甚至股市創新高，但是就業人口一直沒有上升。

在人力銀行的大數據統計裡，列出了幾種消失中的職務。因為它是用「百分比」來統計的，這些職務本來的從業人員就不多，所以似乎沒引起太大震撼。不過這些職務在臺灣經濟發展史中都曾經是鐵飯碗。

在我看來，它會因 IT 進步和「平台轉移」而不再被需要，換句話說就是「時代變了」！

在這份資料裡，我會分析我從中得到哪些啟示，但是有一件事情請你要先記住：時代改變得很快，這 7 個職務背後，也許正還有 700 個工作，是未來很有可能「被」消失的。

⊗ 不要當抗拒時代浪潮的人

什麼叫被 IT 進步淘汰？報社有很長一段時間，用的都是鉛字排版。當時他們很重要，甚至比記者還

大。記者稿子常寫到很晚，隔天就要出報，得有人來把記者的手稿排成鉛字。時間有限，必須排得又快又準確，老手的薪水很高，也有權力對寫太慢的記者叫囂，以前我服務的報社，還曾看過一家人都靠排鉛字維生。

九〇年代開始，報社要求記者用電腦打字寫稿，當時還是有記者抗拒電腦打字，甚至有堅決不學的「大記者」。後來所有記者和編輯部都會用電腦排版，鉛字排版工人當然就不必存在了，排多快都沒用，那一整個家族都失業了。

隨著 AI 愈來愈成熟，被取代的工作會愈來愈多。只要是高度標準化工作，可以重複的工作被 AI 取代的機率就愈高。

其實需求並沒有消失，只是換了地方，就像電台主持人。但是自媒體的 Podcast 興起了，只要你的聲音受歡迎、談話有內容或有趣，仍然會找到發揮才能的空間。

而且這些自媒體與傳統媒體相比，比較不被政策

限制，獲利模式也更多元化了。只要符合平台規則，獲利空間更有彈性。自媒體發展蓬勃，傳統主流媒體已經變成觸了礁的鐵達尼號，雖然一時沉不下去，但也不會再度輝煌的浮出海面航行。老兵不死，但一定慢慢凋零。

同樣的，派報生的需求也將愈來愈少，因為實體報社紛紛倒閉，現在每個企業都發展新媒體，投放廣告更有效率。

傳統媒體輸給的不是同業，而是新科技。所有的平台轉型就跟歷史上的革命一樣，都是被外部革命推翻，成為時代的眼淚。很難從內部改革而進化。

Ⓐ 工作會消失，但能力不會

沒有功用，就領不到錢。很簡單的道理，未來可能不會再有「可以混到退休」的工作。雖然舊的產業、企業或職位會被淘汰，但是有一種東西不會，那就是能力。

不管你做的是全職工作還是兼職工作，有某種與眾不同的能力很重要。你在工作過程不能只累積薪水，累積單一技能，你還要培養多元的技術，不時得注意、學習新技能。

請不要只是為了錢而工作，請用學習來提升自己，不要急著增加蠅頭小利，要擁有與時俱進的能力。

所有問題都是預防勝於治療，當你看到自己的工作正在消失才做調整，都已經有點晚了。請保持成長心態，當時代轉變，不要抗拒改變。如果你真心喜歡這個行業，那就好好磨練經驗鍛鍊創意，培養多元能力，就算你自認沒專長，若能夠讓顧客感覺遇到你真溫暖，你也會變成戰勝 AI 的人！

鍊 金 筆 記

時間管理也包含疲倦管理，承認你累了，並且休息一下。

沮喪難以避免，你不可能總是精力充沛。

當你覺得精疲力竭，不要再強迫自己持續擊穿高牆，你只是在浪費時間，而且更容易製造錯誤。

你需要散步，喝杯咖啡，出門拜訪朋友。

請離開你的固定軌道，暫時忽略相關資訊，別急著處理它，直到你的精力和熱情回來。

更別急著為自己下判斷，說：我不行了！

22. 創業者的世界是奇獸世界

創業的風險那麼大，為什麼有人偏偏要創業？在Podcast《人生實用商學院》訪問中，我覺得最讓我有感觸的，就是創業者人生有血有肉扎實的故事。

現代的創業者大概可以分成下面四種：

第❶ 天生生意囝仔：

也不知道是誰給他的靈感，他就是覺得自己應該要創業。

第❷ 本來就是超級業務員：

既然我曾經創下這麼好的業績，幫公司賺這麼多錢，我為什麼不自己來呢？

第❸ 本來是上班族，忽然遇到生涯的轉折：

剛好碰到周遭能提供某一種資源，也沒想太多就創業了。

第❹ 因為金錢的困境：

只好卯起來創業，看看有沒有可能有中樂透機會！

美國曾經有個統計，已經算是創業成功的第一代創業者，平均企圖創業的年齡二十四歲。你看，像貝佐斯、比爾蓋茲、賈伯斯、馬斯克⋯⋯等，都是非常早就想創下一番事業的少年英雄，甚至不惜從頂尖的學校休學。成功的創業者中當然也不乏資深工作者，不過按比例來說：麥當勞叔叔和肯德基爺爺只是極少數的例子。而且，這些企業的成功往往也是靠有眼光的投資人，而不是叔叔或爺爺。

我自己成立和銷售有關的公司時已經四十五歲了。這麼老了才創業，基本上不是天生創業者，也不會太有成就。而且我的興趣太龐雜，雖然也很努力在打點生意，卻一直沒有把做生意當成主業（我真心認

為我的主業是寫作和生活，連主持節目都不是）。像我這種沒有企圖心的人，當然在創業上也不會有太大的出息，沒有辦法成為創新企業的開拓者。

和這些至少目前算是成功的創業者訪談，對我而言最大的好處，在於可以跟商學院的原理印證。這些創業十年以上還存在的創業者（別怪我說話難聽，因為成功這兩個字很難講，在商業上的成功可能只是晚五分鐘失敗，70% 的中小企業大概在三個月內就倒得差不多了），個性通常很有趣，對新鮮事很好奇，在挫折中也很耐磨，訪問了這麼多人之後我大概可以歸納出幾點原則。

👤 當踩不死的蟑螂，比聰明的狐狸來得重要。

創業失敗要承受的壓力到底有多大呢？出品很受歡迎的功能型護膝的京美董事長呂麗美，原來是誠品書店的法務長，後來被挖角到了科技公司上班。因為

夙夜匪懈地工作，表現傑出，當這家上市科技公司要成立子公司的時候，老闆指派才三十歲左右的她去當CEO，籌備子公司的上市事宜。

三十而立就當董事長何等風光，她很單純的接受了。沒想到後來不但沒有上市，而且按照當年的法律害她背上了連帶責任：債務高達4億以上。

那是十八年前的事了。失業了一陣子，後來她得到一個日本企業的幫忙，靠著製造功能性護膝，請了一群草根性很強的業務員，從進香團的遊覽車開始銷售，創造了她自己的功能性紡織品王國。就在她真的認為鉅額債務可能被某銀行忘記的時候，她家被查封了，要她把4億還出來！

這代表她大概得把整個公司賣掉，才能夠籌出這麼多錢。還好學法律的她知道這些債務可以協商，這些年來金融業經過了一番整併，後來跟你討債的肯定不是原來債權銀行，來討債的銀行其實是用很便宜的價格買來不良債權，所以只要你有耐心，肯定好商量。

透過各種關係，她終於以自己可以負擔的數目解決了債務問題。還完債的那一天，她剛好來上我的節目，整個人神清氣爽，無債一身輕。說真的，我跟她認識了好幾年，如果她沒說，我還真不知道她之前承受這麼大的壓力。

不管在多大的壓力和委屈（通常人會覺得委屈，是因為欠的債沒有一毛錢是她用掉的），仍然不氣餒，是創業者很重要的條件。

🙎 你不會一次就成功，但是你要在失敗中培養某種能力

這種氣魄，我也在永齡基金會執行長劉宥彤身上看到了。她在很年輕的時候也因為擔任樂陞科技的董事會成員而遭「連坐」，揹上 6,000 萬元以上的債務。走投無路的時候，又很天真的把僅有的資金投入「無毒蝦養殖」這一行，完全沒有經驗，只有創造讓孩子吃了不會過敏的海鮮的理想，創業幾年之間，遇到了

各式各樣的天災人禍，虧得更慘。

不過，她也沒有氣餒過。

在各種挫折之中，她鍛鍊自己的情商和能力。不只培養你的能力，在你解決問題的過程中，也會讓你學到處事圓融。也正因為她解決問題的能力與經驗，才會受到郭台銘董事長的青睞，請她負責永齡農場的營運，在極短時間內將其轉虧為盈。

因為連帶作保，或者父債子還，我遇過這種「錢不是我花的，但是債卻是我要還」的創業者很多，正因為無路可退，只能不斷地尋找出口。

事實證明，只要你能夠在困境中繼續培養自己的能力或專長，你的光芒就會被看見，而過去的失敗會變成肥料；只要你能夠堅持活下去，繼續嘗試可能，遲早能夠在生命裡見證花團錦簇。我提到的這兩位，都是在金錢的困境中走投無路之後，才在創業中發現自己的道路的。

也許事業是上天幫你關上一扇門，逼你找到風景更好的窗

工作失敗之後企圖轉型的創業者，摸索成功的道路要比較久些。

如果你聽到了他們的故事，就會發現也許失業也不是壞事。比如說開設了 20 多家「燒肉胡同」等連鎖餐廳的吳念忠，體育系畢業之後很安分地當一個健身教練。但運氣實在不好，這個知名的健身中心倒閉了，他在家休息一個月，剛好和兩個專長不一樣的朋友喝個下午茶，3 個人憑著一種對心目中美好餐廳的想像，開始創業。

其中一位是設計師，另外一位是餐飲專業人士，只有他的專長派不上用場。他的運氣還不錯，遇到了好的合夥人，幾乎是第一次創業就成功，可是中間的過程肯定是辛苦得不得了。他本來什麼都不懂的，從創業第一天起，身高 189 公分的他就蜷縮在廚房裡，從來沒缺席過。一早進去，半夜才離開，創下

了三百六十五天沒有休息的紀錄！剛開始生意也不太好，還好運動員體力好，連清潔工作都自己來，還親力親為發傳單！在不斷地調整之後，了解了客戶的需求，創業的第二年，就開了第 2 家分店。

然後一間一間地開下去。餐飲業的毛利實在不高，在這次疫情中他也面臨很大的打擊，為了要生存，他學會彈性應變。因為成本高，毛利低，開餐廳如果顧客不能上門，餐廳三個月內就可能關門大吉。他請員工繼續上班，製造熟食商品，雖然他說變通得有些遲了，但是晚開始總比沒開始好！

十六年來，為什麼餐廳能夠一家一家的開？他誠懇地說，連鎖餐廳老闆要有一個認知：一切必須標準化。他旗下的餐廳把「廚師」這個角色的比重降到很低，主廚只做研發工作，還有調配佐料。以燒肉來說，只要有一定的 SOP，就算不會下廚的員工也會烤，客人也喜歡自己烤，減輕餐廳老闆對主廚的依賴。

本來壓根沒有想到要當老闆，遇到職涯上的困難才開始創業的人很多，一次就成功算是運氣太好。知

名的「8結」蛋捲老闆沈劭蘭，創業第 16 次才成功！事實上那時候她已經債務累累，靠著自己的誠信，用後債養前債，不成功便成仁。她最後靠著「長得不一樣的蛋捲」，成功開創市場，成為非常受歡迎的團購甜點，並且整合上下游，變成烘焙型電商。

這其實是一個差異化競爭成功的例子。創業上有句名言：「與其更好，不如不同。」同樣是做蛋捲，比別人好吃沒有用，她做成了 8 字形，減少了糖跟油的比例，吃蛋捲的時候不會把屑屑掉滿地。而且長成 8 字形的蛋捲，剛好符合了「巴結」長輩的意思，消費者口耳相傳幫她做足口碑。

大家都是在創業之後才學會創業的

這些創業者絕大部分在創業之前都沒有上過任何創業課程，都是在做中學、學中做。經過了無數次的試探，才找到了痛點，收服了消費者的心。

雖然現在學校也在教創業，但是我相信絕大多數

的大學教授自己也沒有創業經驗。在商學院，不論是行銷、管理乃至創業，紙上談兵是一回事，上場殺敵又是另一回事。因為理論終究是從過去經驗歸納而來的「劇本」，而創業者除了要懂得歸納，也要能夠用創意引申，推導出突破市場的方法。

之前的成功對你幫助不大

一次創業成功，不代表你第 2 次也一定會成功。音樂才子田定豐的生意生涯可以說明這一點。他很有藝術品味和天份，開唱片公司的時候，發掘了知名的歌手，後來也成功地把公司賣給更大的音樂集團。但是當他進入電商領域之後，發現自己變成叢林裡的小白兔，雖然一樣是做生意，重點卻天差地別。

他講過一個催生自己品牌麻辣鍋的笑話。田定豐自己是吃素的，又很喜歡吃麻辣鍋，於是決定研發素食的麻辣鍋市場。一般的麻辣鍋通常用的是牛油，牛油並不好消化，他決定要把牛油改成素食。研發了老

半天，成品做出來時已是五月天！

冬天是吃麻辣鍋的季節，五月已經相當接近夏季，麻辣鍋賣給誰呢？他說他當時完全沒有想到，原來不只粽子和月餅才有時節的問題。他本人是個藝術家，非常信任同事，本來還維持唱片公司老闆的氣質，怕跟人家殺價，什麼事情都委託同事處理。

結果，他第一次做出來的麻辣鍋，雖然味道還不錯，可是他拿到的成本價比其它市面上知名品牌市面的售價還貴上不少！賣太貴消費者不願買，賣太便宜又會賠錢。追根究柢，就是因為他搞不清楚利潤結構，也不懂成本會計，真的以為只要有 3 成利潤就夠！後來這個產品只能自己賣，完全沒有利潤可以分給經銷商。

從唱片公司總經理到電商負責人，田定豐明白了隔行如隔山，中間必須經過很多次試誤的道路，也明白之前的成功經驗未必對後來有幫助。

上述這幾位是我提到的第三類型的創業者。不得已創業，但是剛開始因為什麼都不知道，把創業當成

開碰碰車！還好他們的學習精神都很強，以非常快的速度累積了經驗，也增長了自身的能耐，所以最終能夠成功轉換自己的跑道。

🔵 創業靈感就在你身邊

我也遇過幾位在失業之後選擇創業，終於擁有自己企業的創業者。比如午茶夫人的老闆吳俊德，剛開始也是看別人做什麼賺錢就去跟風，但最後都是賠錢了事。後來因為他的太太喜歡喝奶茶，他開始研發奶茶，竟然開發出來女性喜歡的太妃糖奶茶，而且靠著極高的 CP 值打進女性上班族的市場。

他現在每年營業額大概也有 1 億左右。「與其一直在看別人做什麼，到頭來證明了還是討好太太就對了！」他幽默的說。

為什麼在現在這一行成功，也是經過無數試錯的結果。堅果樂園的老闆張軒奇在離職之後，也不知道該做什麼？本來什麼都賣，到每個公司樓下擺攤，後來

才發現堅果很受上班族女性的歡迎，又用自己的研究精神讓堅果在不添加任何調味料之下可以烘焙到香脆可口，目前一個小工廠每年營業額也有 4,000 萬元了。

⊗ 創業就算成功也沒你想像中賺得多

前面所介紹的營業額，不管幾億，麻煩你千萬不要把它當成淨利，扣除了成本和營業費用，有兩成已經很不錯了！

我訪問過的還有麗彤生醫董事長張麗綺，旗下有規模浩人的醫美診所以及知名保養品和保健品銷售。她創業的理由不是失業，而是失婚。失婚後還承接了前夫的龐大債務。因緣際會成為購物台的供貨商，靠著自己的努力不懈，花了二十年慢慢發展到上市櫃的規模。別看她一帆風順，如今家財萬貫，而且愈來愈顯得年輕美麗，之前也曾經兩度差點破產。

本來只有高中畢業的她，為了增加自己的經營知識，還念了兩個 EMBA，她說她是「從在婚變中痛苦

的村姑變成女企業家」。沒有退路，所以必須堅強。不然能怎樣？

在我歸納，從小成績優秀、求學順利的人反而不容易創業，因為：

第❶ 他們太容易被大企業或公家單位錄用了，找到高薪的工作，一路做到退休，比較難有創業的意圖。

第❷ 如果你從小在學業上表現得太好，通常你的自尊心也很高，個性也可能很硬。創業這件事，自尊心不要那麼強反而好。

遇到了失敗，你只能面對，檢討問題，收拾殘局。不能怪別人，不能怪時勢，也沒什麼藉口可以找。白手起家的創業者要有英雄性格和擔當。

的確也有人是天生的生意囝仔，從小就想做生意！上市櫃公司軒郁的老闆楊尚軒，也是一位超級業務悍將。生長在商人之家，對錢很有概念。父親花了

很多錢送他到加拿大念書，他雖然志不在念書，從高中和大學都比別人早一年畢業。「我一直想要早一點畢業，並不是因為成績優異，是因為我想要早一點出社會做生意！加拿大的學費很貴，如果我能夠早一年畢業，每早畢業一年可以省 100 萬臺幣，比我去打工賺得還要多，所以我才拚了命把書念得快一點！」雖然能言善道，非常擅長於銷售，但是他也曾經因為過度投資，讓公司陷入自覺無可挽救的赤字！後來是靠著本來在當家庭主婦的太太出手幫忙，砍掉了一些項目，才使公司起死回生。

🙍 老闆本人必須是自家公司最佳代言人

我曾經聽過一句話：如果現在創業的公司老闆不是網紅，不會推銷自己的產品，那麼他在網路時代就很難創業成功！

自己當網紅的佼佼者不少，提提研的李昆霖博士就是。他從小很會念書，很順利取得博士學位。不

過，他的個性不循常規，熱愛冒險，曾經在旅行中睡過車站，錢包被偷身無分文，也沒有怕過。

他自己也有經營 Podcast，既是自己品牌的最佳代言人，還能夠接其他公司的業配。他說：「人生最重要的是體驗，只要好玩的事情我都會去做！」在生意模式上，他說自己也犯過不少錯誤，犯了好大喜功的毛病！他曾經把法國的某一家保養品買下來，賠了好多錢。

⊗ 實體和虛擬的完全不一樣

生意永遠跟你想的不一樣，沒有什麼是一定會獲利的，就算你東算西算，怎麼想都覺得萬無一失。

實體店面發展線上業務，如果按照舊的思維，成功率不是很高。我看過一些公司，還企圖用十年前的網站在做生意，只要多一點人上線就塞爆斷線了！

這簡直是拿 PC 時代的恐龍，跟具有現代高科技的復仇者聯盟作戰！而線上店鋪發展實體業務，因為

商業模式的確不同，成本結構也差很多，思維沒有轉換，失敗率反而更高！

戀家小舖的老闆李忠儒，很早就在網路上賣東西，很喜歡販賣的樂趣，認識了某家紡織工廠，開始自創品牌銷售寢具。身為最早一代的網路電商，的確享受到了先行者的優勢。在網路上創業成功的他，累積了一桶金，評估自己在實體店面上也會成功，迅速開了幾家連鎖店，本來還打算把臺灣各縣市開得滿滿滿！在短短的幾年內，把之前賺來的幾千萬元都賠回去！

雖然你打算賣的是同樣的東西，線上和線下是不同的商業模式。現在的創業者，千萬不要認為「我曾經這樣成功，我就會一直成功」。商業世界，沒有人上天下地無所不能。

我訪問的中小企業創業者，絕大多數都已經是電商，電商業務也都占了他們營業額的六成以上。這些創業者都具有一個特色：沒架子，願意改變，不怕困難。

創業是「不入虎穴、焉得虎子」。它的困難所在，正是它的樂趣所在。創業是公平的，沒錢你不一定會失敗，有錢你也不保證華麗的冒險會成功，現在成功不代表你不會失敗，現在失敗不代表你不會成功！你一定要有創意，很勇敢！

　　創業家大門一打開，就步入了奇獸飼育師和他的怪獸世界，你絕對不會無聊。

　　到目前為止，我也還很喜歡！

鍊 金 筆 記

在做生意上，還有在人生的決策上，當你已經
擬定策略的方向，每過一段時間，必須不斷地
做「戰略復盤」，這是你保持彈性應變，也是
執行過程中不斷生長的重要動作。

千萬不要膠柱鼓瑟，在不斷「復盤」的過程中，
只有誠實地面對自己的問題，才有勇氣去面對
浮現出的疑難雜症，走上解決之路，讓自己不
斷成長。

23. 我該參與虛擬貨幣投資嗎？

　　我有比特幣和以太幣，數量不多。我擁有比特幣的時間不到一年，是在疫情期間才以定期定額投資的，但已經見證過它雲霄飛車似的「奇幻旅程」，從 3 萬美金漲到 6 萬多，又從 6 萬多跌到 2 萬多！

　　還好我擁有的不多！

　　當然，也許不久後它大漲了，我會說：天啊，我怎麼不在跌的時候多買一點？

　　這些都是事後諸葛亮的廢話！

掌握先行者優勢，應適度參與虛擬幣

　　2021 年年底，一直很熱愛比特幣的方舟投資管

理公司的「女股神」伍德充滿雄心壯志表示，比特幣有望在 2026 年達到 56 萬美元。

她講這句話的時候比特幣差不多是 5 萬多美元，講了之後掉得很兇，可見在這個幣圈生態裡面還真的沒有「喊水會結凍」的人。

我在寫這本書的時候，比特幣已經更進一步掉到 3 萬元以下。如果確實如伍德所說，2026 年後達到 56 萬美元的話，看起來比特幣還要努力的成長至少 18 倍。看起來不可能嗎？但是過去虛擬貨幣市場的經驗告訴我們，恐怕也沒有誰敢說她一定是錯的，只敢說她非常樂觀！

所有的虛擬幣，因為沒人真正有調控的力量，都可能坐雲霄飛車。我曾經看過好幾篇對幣圈知名人士的訪問，有好幾位都承認自己破產不只一次。還有人買了某種動物幣，前一天晚上還在享受他的虛擬漲幅，第二天早上起床卻發現，整個平台不見了！世界上再也不存在那種動物幣，他被收割了！所有的紙上富貴都是一場詐騙。

類似坐雲霄飛車的還有 NFT，有一陣子，大家都在瘋狂的出 NFT，常常傳出有知名人士一夜之間猛賺幾億的消息。很遺憾的是，隨著虛擬貨幣的大跌，當時高價買的人，後來想賠售也賣不出去。

　　寫這些並不是為了警告大家不要買，甚至我還認為每個人都應該些微且適度的參與。據說目前全球持有虛擬貨幣的人不到 5%。如果你現在有，那你一定是先行者。前浪可能死在沙灘上，但是也可能享有先行者優勢。

🧑 如何投資？小額、定期加碼即可

　　我自己有幾點購買比特幣的原則：

　　❶ 小額投資，如果在基金和 ETF 上投入 $10，就在比特幣上投入 1 元。比例很少，但是足以觀察未來。

　　❷ 不管他價錢如何，還是定期定額。不會因為在低檔而特別加碼，免得愈攤愈平，其實就算到了高

點我也沒有賣，因為擁有的還太少，賣了也沒賺到什麼！

❸ 不抱著希望，但是也不對它絕望。未來，一定會來，只是曲曲折折地來！那一條曲線像在爬不規則的樓梯！

比特幣漲跌的邏輯，未來也可能比你我想像的還瘋狂。就像柯斯托蘭尼經典的遛狗比喻，經濟是人，

🔲圖　主要虛擬貨幣與美股近五年成長率比較

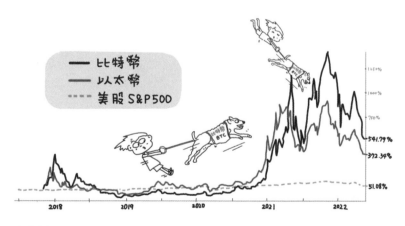

資料來源：yahoo!finance

比特幣跟股市一樣是狗，還是一隻更激動的狗！人走一公里，股市因為來回跑動多走了 4 公里，比特幣可能會到 40 公里！

🙎 比特幣的非投資價值：去中心化、低交易成本

比特幣的確有優點，前文提及在俄烏戰爭的時候，不少烏克蘭人利用它換到了國外的生活經費。就是因為比特幣最大的特點在於其交易成本低、高速度和完全自由的交易形式，它是徹底全球化的貨幣，去中心化，不會受到各國政府的外匯管制。

但你千萬不要忘了密碼，也不會有人運用政治權力來凍結你的資產。

是的，它的確可以洗錢！

當然它現在還沒有真的很吃得開，只有薩爾瓦多把它列為法定貨幣，也只有泰國和日本有少數店家接受比特幣的付款。而大多數政府央行和傳統銀行體系

非常不樂見它的存在。愈愛管理人民的國家愈討厭比特幣，因為它傷害了外匯管制的可能，會成為漏網之魚。因此目前要使用比特幣在大部分的商業市場消費，還非常困難。

無論如何，任何一種新的東西，都是好壞參半。

不管你選擇哪一種投資，用長線投資分散交易風險，永遠不要讓自己的雞蛋都在同一個籃子裡破掉，是投資者應該做的事情。

對過去，充滿敬意；對未來，充滿好奇，就算是我對自己的期許！

鍊 金 筆 記

「成功的失敗」與「失敗的成功」

矽谷最忙的職業是心理治療師,有特殊才能又努力的創業者。在很短的時間裡賺到非常多的錢,然而當第一桶金已經賺到,完全實現財富自由時,他們會陷入深深的迷茫,這就是成功的失敗。

失敗的成功,是儘管項目失敗,但你盡情地享受其中的過程;成功的失敗,是你縱然得到了

商業上的成功，但是你迷茫了人生的道路。

說起來不容易，但卻是必要的鍛鍊。

中歐國際工商學院管理學院忻榕教授

BIG 叢書 385

人生實用商學院：富有是一種選擇

作　　者－吳淡如
主編暨行銷企劃－葉蘭芳
編輯協力－張道宜
校　　對－林峰丕、聞若婷
封面設計－ FE 設計葉馥儀
封面攝影－好房網
作者照片提供－ GREEN GOLD
內頁插畫－ Littse
內頁設計排版－李宜芝

董 事 長－趙政岷
出 版 者－時報文化出版企業股份有限公司
　　　　　108019 臺北市和平西路 3 段 240 號 3 樓
　　　　　發行專線－ (02)2306-6842
　　　　　讀者服務專線－ 0800-231-705・(02)2304-7103
　　　　　讀者服務傳真－ (02)2304-6858
　　　　　郵撥－ 19344724 時報文化出版公司
　　　　　信箱－ 10899 臺北華江橋郵局第 99 信箱
時報悅讀網－ http://www.readingtimes.com.tw
法律顧問－理律法律事務所 陳長文律師、李念祖律師
印　　刷－勁達印刷股份有限公司
初版一刷－ 2022 年 7 月 8 日
初版十五刷－ 2024 年 3 月 15 日
定　　價－新臺幣 380 元
（缺頁或破損的書，請寄回更換）

時報文化出版公司成立於一九七五年，
並於一九九九年股票上櫃公開發行，於二〇〇八年脫離中時集團非屬旺中，
以「尊重智慧與創意的文化事業」為信念。

人生實用商學院 . 2 : 富有是一種能力 , 堅持是一種選擇 / 吳
淡如文 . -- 初版 . -- 臺北市 : 時報文化出版企業股份有限公
司 , 2022.06

　　　面；　公分

ISBN 978-626-335-455-5(平裝)

1.CST: 理財 2.CST: 投資

563　　　　　　　　　　　　　　　　　　111007006

ISBN 978-626-335-455-5
Printed in Taiwan